デッドエンド・モダニズム

岸和郎

聞き手：小巻哲

Dead-end Modernism

Waro Kishi

LIXIL出版

［目次］

● はじめに——揺れ動くモダニズムのなかで｜岸和郎 004

第1講　爛熟の後に来るもの　010
第2講　アメリカにおけるモダニズムの受容［1］　024
第3講　アメリカにおけるモダニズムの受容［2］　042
第4講　読み替えられるモダニズム　064
第5講　失速したモダニストたち　084
第6講　日本における「日本」の受容　104
第7講　「3mの良心」を持つこと　124
第8講　「ケンゾー・タンゲ」という存在　142
第9講　建築を保存すること　162
第10講　空港〜どこでもない場所　186
第11講　インテリア・デザインの居場所　204
第12講　建築写真の行方　226
第13講　アイリーン・グレイとリリー・ライヒに想うこと　244
第14講　消費されるモダニズム　260
第15講　出口なき道の行方　278

● 年表「岸和郎の脳内アーキテクト／デザイナー」　298
● インタビューを終えて―小巻哲　302
● 略歴／図版クレジット　303

はじめに――揺れ動くモダニズムのなかで

「今さらモダニズム?」と思われるかもしれません。

しかし、今さらモダニズムについて語ってみても意味がないとするなら、現在われわれはどのような立ち位置にあるのでしょうか。混迷の時代、多様性の時代などという曖昧模糊とした言葉では何の説明にもなりませんし、単なる思考停止に過ぎません。今あらためてこの国は果たしてモダニズム、それも建築のモダニズムを正しく受容していたのか、あるいは正しい受容とは何だったのか、を見直してみてもいいでしょう。

もちろん社会状況もテクノロジーも異なる100年ほど前に成立したモダニズムをそのまま現代に適用できるはずはありません。しかし依然として、現代は近代の文脈上に在ります。近代主義(=モダニズム)の否定は民主主義/個人主義の否定、市民社会の否定でもあるからです。完全否定できないのであれば、現代に適応できるモダニズム的思考の意味を問い直してみることは決して無駄ではないと思うのです。近代主義を単純に否定して過去の神話だと捨て去るには早すぎるし、それに関する思考を停止していいわけでもないでしょう。

少し時間の流れをまとめてみます。

1960年代の半ばにロバート・ヴェンチューリが『建築の多様性と対立性』[1966]を書きます。そのあたりを端緒として、いわゆるポスト・モダニズムはチャールズ・ジェンクスの『ポスト・モダニズムの建築言語』［1977］でひとつのピークを迎えます。その一連のポスト・モダニズムの動きには、確かに意味があったと私自身は思っています。それは、モダニズムとは何かを考えるきっかけを提起したという意味においてです。「ポスト・モダニズム」というタイトルのなかには、モダニズムという単語が入っていますね。それはつまり、ポスト・モダニズムとは次の時代の新しい相を開いたのではなく、「モダニズム」に対する問題提起だったということです。その後の「デコンストラクティヴィズム（脱構築主義）」を見ても、「デ」をはずせば「コンストラクティヴィズム」という聞き慣れた20世紀の思想に戻ります。ですから、こうした一連の動きには問題提起として重要な意味があったけれども、新しいイズムなりイデア——現代が、それらを必要とする時代かどうかという問題もあるのですが——が提示されていたわけではない。このあたりから、モダニズムの矮小化とは言わないまでも、何か話がずれていったような気がするのです。

もう一方で、私自身はモダニズムよりもっと古臭い建築的価値観から考え始めたいと思っています。それは「秩序」や「構築性」といったルネサンス以来の概念です。そんな地点から考え始めると、その「秩序」や「構築性」というような、建築を建築として成立させる基本的な概念に対して、9・11や阪神・淡路大震災では根源的な疑問が提示されました。それはデザインや形態とは関係ない、建築の本来的な存在の意味はあるのか、ということです。そうした事件・災害、それは最近の東日本大震災も含めて、社会的な事件としては捉えられていても、建築という概念に対する疑問の提示とは捉えられていないのではないでしょうか。しかしワールド・トレード・センターが一瞬のうちに消えていった、その消え方の問題などは、建築家としては引きずらざるを得ません。

少し前ですが、TOTOギャラリー・間での「Global Ends」という展覧会に関わりました［注］。それぞれ独自のメッセージを発しているのではないかと判断した建築家に、世界中から来ていただきました。彼らの全作品を理解していたわけではありませんが、実際に展示やシンポジウムを見てみると、結果としてみんな立ち位置が似ていた。もちろん現代の突破口がそこにはあるのではないかと考えながら、前向きの意味合いも考えながらの人選だったのですが、そんなにメッセージ性が強いわけではない人たちでした。例えばパウロ・ダヴィッドですが、彼は自分のいるマデイラ島（ポルトガル）という限定的な領域のことしか話さない。これは、新しいフェーズに私たちがいることを意味しているような気がしました。彼の作品はそれこそ構築的な建築なのですが、それが世界を覆い尽くす価値観になるとは思っていないふうです。

ケネス・フランプトンがポスト・モダンの歴史主義的な隆盛に抗して提唱した「批判的地域主義［クリティカル・リージョナリズム］」のことが頭をよぎるのですが、ではその文脈で評価が高められた安藤忠雄やアルヴァロ・シザとはどう違うのでしょうか。

安藤さんやシザには、男性的というか、力強いイメージがあります。ですが、石の固まりのようなパウロ・ダヴィッドの建築を見ても、筋骨隆々という感じではありません。それを女性的とは言わなくとも、脆弱な感じがします。逆に私はそこに共感する。確かにクリティカル・リージョナリズムとして括られたら、違うとは言えないでしょう。いずれにせよ、安藤さんやシザのような自信に満ちた展開はしない。すべてを120％信じているわけではないという感じが伴います。その判断停止の感じが、私自身の現代のモダニズムに対するそれと同じ気がします。

私にしても、自分が語ったことを永遠の真実として、1週間後も同じように力強く繰り返せるだけの自信はありません。今信じている価値観は、いつ崩れるかもしれない。ニューヨークや神戸、それに東北で起きたのはそのことでしょう。震災から1週間後に入った神戸では、高速道路が横になっていた。テレビでは分からない埃の匂いがあった。知っている街が別のものになっていた。世界は一瞬のうちに簡単に変わってしまう。

私は京都に居ますから、特に近かった神戸の震災以降、何かを強くは信じきれないという気分が続いています。それとは逆に、それがゲームだか現実だか分からないミサイルが飛んでいく湾岸戦争の画像もショックだった。神戸とは違って、空気や血の匂いがしない生中継の画像。これもまた、何かを全面的には信じきれない人間へと私を変えた出来事のひとつです。

フランプトンがクリティカル・リージョナリズムと言ったのは、1980年代の初めでした。まだグローバリズムの発現以前であり、リージョンに力があった時代です。なにしろソヴィエト連邦が存在していました。資本主義的世界も社会主義的な世界もあった。その民主主義も共産主義もいずれにしろ「一個人」を考える市民主義ですが、ソ連崩壊に伴って、その片方が忽然として消えた。そしてそれ以降は、金がすべてのスーパー資本主義の世界。あっという間に世界の価値観が変わる様を見ていると、理念や主義の話をするのは確かに空しくなります。信念がないのではなくて、むしろ信念を「持ち得るのか」という問題になってくる。

そこで私は、90年代の半ばくらいに「モダニズムを偽装する」という言い方をしました。モダニズム（＝近代主義）を社会体制的に言うと、市民主義／民主主義だったりします。すなわち近代の到来とともにすべて平均化され、「階級」が消え、みんなが「市民」になった。建築の世界ではパトロネージが消えてクライアントに代わったわけです。ところが、そうしたパラダイムはソ連とともに崩壊こそしていませんが、ズレてしまった。次の革新的な価値観など、誰も提示しえていない。ならば有効な新しい社会システムが見つかるまでは、とりあえず暫定的に近代で決まったパラダイム——社会制度的に言えば多数決の原理——を信じましょうよ、というのが現在ではないでしょうか。でも同時に少なからぬ人の心の中には、ファシズム待望論があるのかもしれない。これが１９９０年前後からの20数年間の状況だと私は感じています。

「モダニズムを偽装する」、あるいは「とりあえず信じるモダニズム」というようなことを考えるに至ったのは、私自身もそんなふうに一本道ではなく紆余曲折を経てきていて、だからといって、そうした自分自身の状況認識さえも１００％信じているわけではないという、１９８０年代風に言うと「宙吊り」状態にわれわれは現在居るのではないでしょうか。

この本では、いくつかの話題を取り上げました。

それは例えば、ル・コルビュジエやミース・ファン・デル・ローエといったモダニズムの巨匠についてではなく、その次の世代の建築家の仕事をどう考えるかであったり、ツーリズムやエキゾティシズムという近代を際立たせてきた概念の現在的展開についてであったりします。ここではモダニズムとは何であったのかを正面から取り上げるのではなく、そこで生まれた概念が20世紀から21世紀にかけていかに受容され、あるいは読み替えられていったのかを見ていきたいと思います。そうすることが、われわれの現在の状況と時代をあぶり出すための唯一の方法だと考えるからです。

［**注**］

世界7ヶ国から招待された7組の建築家――パウロ・ダヴィッド／ポルトガル、ショーン・ゴッドセル／オーストラリア、ケリー・ヒル／シンガポール、石上純也／日本、トム・クンディング／アメリカ、スミルハン・ラディック／チリ、RCRアーキテクツ／スペイン――による展覧会。2010年11月19日より翌年の2月26日まで、東京・乃木坂のTOTOギャラリー・間において開催された。

第1講

爛熟の後に来るもの

１９７０年代に目撃したこと

岸―― 私たちの世代が大学を出たのは、１９７０年代の半ばくらいです。大きな流れで言うと、モダニズムの抱える問題が指摘され、歴史主義の復活が見えてきた頃です。もともとモダニズムは、ある種の暫定的な状態だった19世紀の様式主義を否定したわけですね。そうした時代に私は、歴史の研究室に在籍していました。個人的に言うと、実は19世紀の様式主義なども結構好きなんです。どこが面白いか。様式主義とは、例えば銀行という新しく現れた業種・業態に対して、どのようなパッケージ・デザインを与えるかですよね。そこで、銀行には古代ギリシア・ローマ系の古典的なファサードがいいだろうということで、世界中の銀行がギリシア・ローマ系になる。あるいは学校が現れると、そこは静かに研究すべき場所だからゴシック系がいいだろうとされて、世界中の大学がネオ・ゴシックのスタイルを持つようになった。要するに、近代の新しい社会システムが生み出した業種・業態や社会形態に与えるべきデザインを、過去のストックのなかから拾い出そうとするわけです。そのことに「ＮＯ！」を唱えたのが近代主義です。でも私は、いかなるスタイルを探すのかという19世紀的な動向に、すごく興味があったのです。

最初に面白いと思ったのはカール・フリードリヒ・シンケル[1781-1841]でした。それは古典主義的な建物を手掛けるかと思えば、一方でネオ・ゴシックのロマンティックな教会を建ててみたり、あるいはヴァナキュラー的とも見えるシャルロッテンホーフの王室養樹園[1829-33]を造ったりする。そこに何か可能性があるように、当時の私は思ったんです。つまり、大

1.1 シンケル：アルテス・ムゼウム、1828

1.2 シンケル：シャルロッテンホーフの王室養樹園、1833

多数が「近代建築の五原則」を守って白いインターナショナル・スタイルの箱を造る時代状況において、モダニズム以前の様式主義が面白いと思ったわけです。しかし同時に、その19世紀を否定したモダニズムは私の時代には唾棄されようとしていたわけです。そこでまた私は、チャールズ・ジェンクス《1939-》たちが否定するインターナショナル・スタイルなりモダン・デザインについても、それは本当に悪いものなのかとも思った。つまり、ルネサンスの建築家に比べて、ル・コルビュジエ《1887-1965》はそんなに駄目なのかということですね。[1.1,1.2]

当時の私は、フィリップ・ジョンソン《1906-2005》に世界像を見ていました。彼の行動が私の世界理解だったんですね。ジョンソンは1950年に、「ガラスの家」を『アーキテクチュラル・レヴュー』に発表します。その時に、この住宅のデザインにオリジナルなものはないと表明している[注1]。配置はアクロポリス、平面構成はマレーヴィッチ、ディテールはミースだと言っていたのです。ここでもうポスト・モダン的状況というか、ある種のモダニズムの見直し状況は始まっていたと思うのです。オリジナリティ神話に対して疑問を呈するということは、モダン・デザインに対する疑問提示じゃないですか。そうした頃に、大学の書庫で『アーツ・アンド・アーキテクチャー』という雑誌を見つけるわけです。これがケース・スタディ・ハウス（CSH）との出会いです。[1.3]

ケース・スタディ・ハウスが面白いのは、ひとつにはモダン・デザインのベースである核家族用の住宅が初めて成立したという点です。それまでにも理念としてはあったのですが、ル・コルビュジエのサヴォア邸[1931]にしても、メイドや運転手のための部屋などが付属している大邸宅ですね。ケース・スタディ・ハウスとは、基本的に夫婦2人+子供2人+車2

1.3 ジョンソン：ガラスの家、1949

台をオープンプランに収めた平屋の郊外型住宅で、しかもモダニズムの理念に従ってレディメイドのスティールで造られるという近代の教科書を絵に描いたような住宅なのです。都市的な言い方をすると、郊外（サバービア）での住まいを提案したという意味でも初めての提案です。都市型はポンペイにまでさかのぼれるし、自然の中の一戸建てなら世界中にどんな時代でも、いくらでも見つけられる。ですが、郊外での可能性を初めて示したのはCSHであり、現在のハウスメーカーによる郊外型プランの住宅はミニチュア版CSHだと思えますね。それは、ロサンゼルスという街の成立と在り様が、サバービア住宅を展開するのにピッタリだったのでしょう。今でさえ、ロスの平均階高は2に満たない街ですからね。正確には覚えていないのですが、ある雑誌に「なぜ平屋に住んでいるのか」というロス郊外の人へのアンケートが載っていました。すると、「ロスは農民の都市だから」という答えがあった。要するに地面に接して生きている人たちの都市。2階以上に住まなくていい都市。まさにオレンジ・カウンティあたりでは、そんな感じですね。農民のように住みながらも便利な都市は、と考えると、ロスになる。特に、戦後から60年代半ばまでは、ロスがサバービアの都市として発展している最中ですから、そうしたプロトタイプが造れたのだろうと思います。

——磯崎新さんも60年代の半ばにロスを上空から見て、「都市は姿を消す」と形容していますね［「見えない都市」、1966］。

岸——夜にロスに飛行機で到着すると面白い。見えるのはグリッド状の道路のシステムだけで、将棋盤に降りていくような感じです。ハリウッド・ヒルの中腹にあるCSH#22（ピエール・コーニッグ）から、南に広がるロスをプール越しに見ると、手前に高層ビルは建っているけど、その残りはほとんど平屋に見える。本当にフラットな都市なんだと思いますね。[1.4]

もうひとつCSHで面白いのは、文化の伝搬状況を考えてみると、基本的にヨーロッパから北アメリカに流れてきて、さらに西進してカリフォルニアで行き止まるわけです。その先は太平洋ですからね。そうした変化を見たいという気持ちもありました。その興味は、日本を考える場合も同じです。例えば、中国や韓国では消えて無くなった様式が日本には残されていますね。エッジにはものが蓄積されていくわけです。ヨーロッパを中心に描いた世界地図を見るとよく分かりますが、日本は東のエッジで、カリフォルニアは西のエッジです。それはモダニズムを考えても同じだと思うんですね。私は東と西の端っこ同士で似たようなことが起こっているのではないかと本能的に思ったのです。それで、1982年に南カリフォルニアに行ってみた。出版されたばかりの『A Guid to Modern Architecture in Southern California』（デイヴィッド・ゲバード）という分厚いガイドブックを片手にレンタカーで動き回り、クレイグ・エルウッド《1922-92》のCSH#16などに出会うわけです。当たり前なのですが、やはり実物を見ると建築は「ブツ」なんですよね。写真で見るのとは違って、鉄は鉄として厳然としてある。そのリアリティを感じて、最初は社会的イベントとしてCSHを捉えていたのですが、やはり建築としても面白いと思った。

——岸さんは、特に初期の作品は標準化や工業製品といったキーワードで語られてきたように思います。ここまでのお話からだと、テクノロジー的な興味から始められたわけではなかった感じですね。

岸――むしろ空間的な話ですね。CSHはテクノロジーで語られることも多いけれど、私個人としては100%信じているわけではないんですよ。それは企画者ジョン・エンテンザが顧客にプロモートするために、あるいは構造体をメーカーに無償提供させるための戦略として出てきた話で、テクノロジー自身がケース・スタディ・ハウスの最も重要な点ではないと思っています。やはり、初めて実現した「核家族の住宅」であり、オープンプランということが重要なのです。それを造るための技術に関しては、エンテンザが『アーツ・アンド・アーキテクチャー』

1.4
コーニッグ：CSH#22, 1960

［第1講］

爛熟の後に来るもの

という雑誌に広告を取るための戦略だったのではないかと思う。そのほうが面白いでしょう? テクノロジーが新しい建築を作り出すなどと本気で思っているタイプよりは、それを戦略として冷徹に使うと言ってしまうような態度のほうが、私としては好きなんですね。

——戦後すぐに雑誌企画として始まった「ケース・スタディ・ハウス」は約20年間続き、1966年に終焉しますね。その意味は何なのでしょうか。

岸——CSH#25にエドワード・A・キリングスワースの作品があります。これはコートハウスなんですね。コートハウスは都市型住宅でしょう。要するにオープンプランの時代が終わったんですね。住宅を閉じて、家族のためだけの中庭を造る。それはヨーロッパにもあるものです。カリフォルニアだからこそ脳天気なオープンプランが展開できた。それが新鮮だったのですが、コートハウスになると、もうデザインの話になってしまう。それで終わったんだなという意識がありますね。それでもCSH#25のデザイン的な完成度は、一番高いんですよ。だけどね……という感じ。ロスの郊外でコートハウスはないだろう。CSHシリーズの末期的状況だと思いましたね。[1.5]

——ひとつの時代を作って、しかるべくして終わった。

1989年から翌年にかけて、ロサンジェルス現代美術館で「Blueprints for Modern Living: History and Legacy of the Case Study Houses」というCSHの大回顧展が開かれましたね。しかし

70―80年代には、CSHの試みだけでなく関与した建築家の多くも姿を消していきました。

岸――忘れ去られた建築家は結構いますね。ピエール・コーニッグ[1925-2004]もクレイグ・エルウッドもそうです。しかし彼らも、(ジャーナリスティックな意味での)空白期を経て90年代から00年代に評価が復活してきました。

ポスト・モダニズム、突入前夜

――ポスト・モダニズムの大嵐に巻き込まれて沈んでいたと言えるのでしょうか。単なる時代の符合かもしれませんが、CSHが終わるのと同時にロバート・ヴェンチューリ[1925-]が『建築の多様性と対立性』[1966]を出し、その後に『ラスベガス』[1972]を出すことになる。ポスト・モダンの幕が上がり始めた。

岸――ロスは映画というメディアに力があった60年代の半ばくらいまでは、その相乗効果で発展した街です。しかし、ポピュラー・カルチャーの見直しが始まってヒッピー世代が出てくると、文化を発する中心が北カリフォルニアにシフトしていった。

建築で言うと、いわゆる「草の根」派ですね。そこにチャールズ・ムーア[1925-93]たちが出てくる。ムーアのシーランチ[1965]は、そうした時代の気分だったんですよ。彼らはグレイ派と呼ばれ、ポップ・アートを感じさせた。対するホワイト派はハイ・スタイルですよね。ですから、私も最初はムーア好みだったのですが、やがてホワイト派に変わりました。もともも

1.5
キリングスワース：CSH#25, 1962

とはル・コルビュジエでも後期のコンクリートの時代が好きで、初期の作品はよく理解できなかった。しかし、それを徹底的にリファインしたリチャード・マイヤー（1934-）の建物は、やはり美しかった。よく分からなかった抽象的な美を実際に目にして、好みがシフトしていったのでしょう［注2］。［1.6］

私がインターナショナル・スタイルに惹かれたきっかけは、ホワイト派なんですよ。特にリチャード・マイヤーとピーター・アイゼンマン（1932-）が入口でした。そして、彼らのバックにいたコーリン・ロウ（1920-99）の論文ですね。もちろんケース・スタディ・ハウスへの興味とは別の文脈になりますが……。

こうした文脈のなかで、日本のモダニスト・土浦亀城（1897-1996）さんとも出会うんですね。修士論文のテーマを書庫に潜って考えていた。そこで戦前からの建築雑誌『国際建築』を見て、土浦さんを〈発見〉するわけです。教科書的には、主としてライトの弟子としての話ばかり出てくるのですが、なされた仕事を『国際建築』で見ると、まさにインターナショナル・スタイルだった。同時代の建築家と比べても、抜群に抽象度が高いと思いました。しかし、絶対に評価されてしかるべきなのに、戦後の日本のメディアからは完全に消えていた。それでも、戦前のインターナショナル・スタイルの時代では圧倒的な力があると思い、土浦亀城で修士論文を書こうと思ったというわけです。［1.7］

どのように土浦を分析したらよいかと考えていたときに、コーリン・ロウとピーター・アイゼンマンの論文に目が止まりました。私は、建築家の人間性や経歴などの個人的な一次資料を探るような方法論は取りたくないと思っていました。モノとしての建築

1.6
マイヤー：スミス邸、1967

から一歩も離れずに建築を評価する方法を探していたときに、コーリン・ロウによるル・コルビュジエの分析法、さらにテラーニを緻密に分析したアイゼンマンの方法論を見つけたのです。抽象度の高い土浦さんの建築ならば、こうした方法論で分析できるはずだと思った。ですから、土浦さんと同時に、ロウやアイゼンマンにも出会ったということになりますね。

しかし、70年代後半から80年代前半にかけては、ポスト・モダニズムの嵐が吹き荒れている時代で、マイケル・グレイヴス 1934-2015 のポートランド・ビル［1982］といった歴史主義的な建物が現れ始めていました。そうしたなかで、白くて抽象的な四角い建築はきれいだとか、オープンプランのスティール・パヴィリオンは格好いいとかの反時代的な発言を、私は繰り返していたわけです。最初から反時代的だったのでしょうね（笑）。当時は、建築雑誌だけでなく美術批評とか思想の本もよく読んでいたわけです。デリダや宮川淳から、内容ではなくて形式だと教わる。そんな時代、心がすさんでいるところにリチャード・マイヤーを見るわけですよ。内容がなかろうが、形式だけでも美しいじゃないか。みんながマイヤーを批判していたから、私は逆に、「建築の内容とは何？」、「形式だけで十分じゃないか、美しくて何の文句があるの？」というマイヤー擁護論を打っていたことを思い出しますね。あの頃は、片手に宮川淳の本を聖書のように持っていたし……。

1.7 土浦亀城：土浦亀城自邸、1935

爛熟の残り香

――ヨーロッパからモダニズムとモダニストがアメリカに流れてきて、あるものは東部から中部に留まり、あるものは西部へと動いた。そのアメリカでインターナショナル・スタイルと翻案されたモダニズムが、やがて世界中に伝播していく。それが戦後を生きた後に否定されていく。そうした否定の時代に、岸さんは建築を学び始めたわけですね。

岸――私の好みなんですが、爛熟気味のものに興味があるんですね。様式主義の話をしましたが、それも19世紀も終わりかけて混沌が極まったような状態が好きなんです。シンケルのように何でも一人でできますと言うのもいい。モダン・デザインも、信念に満ちていた時代も悪くないのですが、爛熟の極を越えたあたりのほうが面白いな。ですから巨匠の時代の次の第二世代が好きだったりするんですよ。ミースやル・コルビュジエが素晴らしいのはもちろんですが、その次の世代だって結構面白いんですね。要するにモダニズムの第二ステップで悩みだした人たちがいますね。例えばマルセル・ブロイヤー 1902-81 とか、ポール・ルドルフ 1918-97 だとか。彼らの評価は、まだまだ低いと思う。私の気質なのでしょうが、何かのイズムがグーッと上昇していくときよりは、成熟を見て悩みだした頃のほうが興味深い。そのあたりも考察していきたいと思います。

［注］

1 ――― 邦訳は『フィリップ・ジョンソン著作集』（デイヴィッド・ホイットニー編、横山正訳、エーディーエー・エディタ・トーキョー、1975）に所収。

2 ――― ニューヨークを中心に活躍する5人の建築家（リチャード・マイヤー、ピーター・アイゼンマン、マイケル・グレイヴス、ジョン・ヘイダック、チャールズ・グワスミー）の作品集『Five Architects』が、1972年に刊行された。それ以降、彼らは「ニューヨーク・ファイヴ」と呼ばれることになる。作品集にはコーリン・ロウやケネス・フランプトンが原稿を執筆している。それに対して、チャールズ・ムーアやロバート・スターンたちは、建築史家ヴィンセント・スカーリーが「シングル・スタイル」と呼んだアメリカの伝統様式に共感を示した。特に日本では、白を基調にしていたマイヤーたちを「ホワイト派」、ヴァナキュラーな形式を取り込むムーアたちを「グレイ派」と呼称してきた。しかしポスト・モダンの嵐のなかで、両者は分化・混在化していくことになる。

アメリカにおけるモダニズムの受容［1］

前講ではモダニズムとの邂逅と展開が語られた。爛熟期の後に来るもの、あるいは巨匠に次ぐ人たちへの関心は、今後の論考にも引き継がれていく。本講では、そうした巨匠と次世代の動きなどを、1920年代から1930年代にかけてヨーロッパからアメリカに渡った建築家を中心に展開していく。

夢の挫折

岸　1910年代から1920年代後半までのヨーロッパでは、社会的な要請もあって数多くの集合住宅が建てられました。特に20年代の初頭くらいまでは、ヨーロッパ的な意味での階級《クラス》のない民主主義が実現し、肉屋の息子も貴族の息子も同じ住宅に暮らす社会が来るのではないかと、社会全体そして建築家も信じていた気がする。同じプランが延々と並ぶ集合住宅が建てられたのも、そこに新しい社会の姿を本気で見ていたからだと思います。予算がないためではなくて、AさんとBさんが同じユニットで暮らす社会を思う気持ちが結実した集合住宅。それは特に、オランダやドイツでは力を持っていた。例えば、オランダのJ・J・P・アウト(1890-1963)によるフーク・ファン・ホラント〔1927〕やキーフフーク〔1930〕。また、カール・エーン(1884-1957)によるウィーンのカール・マルクス・ホーフ〔1927〕では、同じエレベーションが1キロ近くも続きます。話だけだと非人間的な感じがするのですが、それらを実際に訪ねてみると、ある種のポジティブさとか明るさを感じます。〔**2.1, 2.2**〕

ところが時代の動きは早い。1927年のワイゼンホーフ・ジードルンクでは、ミースがディレクターとなって、各国から呼ばれた建築家たちが集合住宅を建てることになっ

2.1 アウト：キーフフークの集合住宅、1930

た。そこには差異＝ディファレンス——例えばル・コルビュジエ印、アウト印、ミース印など——が求められるわけです。すでに違いを表現する時代が始まっていた。もう一方の大きな動きとしては、ニューヨーク近代美術館の「近代建築：国際展覧会（Modern Architecture: International Exhibition）」［1932］があると思います。ここでモダニズム建築がインターナショナル・スタイルとして総括されてしまった。つまり、理念がスタイルの話に置き換えられ、「以上、これで終わり」ということですね。ごく簡単に言えば、この時点から「モダニズム以降（＝ポスト・モダニズム）」が始まったということになる。

ここで巨匠は、なぜ巨匠であり続けたのか。彼らは1910年代から続いた理念の時代に、重要な作品やプロジェクトを残しているわけです。サヴォア邸、バルセルナ・パヴィリオン、トゥーゲントハット邸などは、いずれも——世界恐慌や戦争の気配なども絡んでくると思いますが——社会の夢が挫折していく20年代後半から30年代前半に造られた傑作です。そのル・コルビュジエ（1887-1965）、ミース・ファン・デル・ローエ（1886-1969）、そしてヴァルター・グロピウス（1883-1969）も、20世紀が夢の実現に向かっていた時代に建築家としての営為を始めたわけですね。そうした時代の持つ力が、彼らの建築にあるような気がする。ところが、1930年代以降に自分の作品展開をしてきた建築家たちは、夢そのものが潰えていた。要するに社会には格差はあり、階級《クラス》は解消しない。肉屋の息子は肉屋になるしかなくなっていた。それならば、夢を共有できた巨匠たちの作品に比べると力がないのもうなずける気がする。ですが1970年頃の私は、どこか彼らに共感するものがありました。確かにポスト・モダニストたちはマルセル・ブロイヤー（1902-81）やポール・ルドルフ（1918-97）を唾棄すべき存在だと言っていたけれども、

2.2
エーン：カール・マルクス・ホーフ、1927

私たちも夢が終わった時点から始めるという意味で、彼らに親しみを感じたんですね。

夢の終わりの始まりが、ブロイヤーがスイスで造ったドルダータル・アパート［1935-36］だと思います。しかし、例えばイギリスのリュベトキン＆テクトン（バーソルド・リュベトキン 1901-90）やフランスのアンドレ・リュルサ 1894-1970 たちのように、20年代までの社会の夢を追い続ける人たちもいますよね。そうすると、どうしても政治性を帯びざるを得ないから、彼らは左傾化していくわけです。あるいはマックスウェル・フライ 1899-1987 のように、環境という方向にいく。同じ時代にドイツを見ると、アルベルト・シュペーア 1905-81 やパウル・トロースト 1878-1934 たちが出てくるわけですね。

グロピウスとブロイヤー

――ヒトラーが政権を取り、バウハウスが閉鎖されると、グロピウスとミースはアメリカに亡命します。遅れてブロイヤーも移住してきます。特にグロピウスとブロイヤーの関係は、モダニズムにとっても興味深いストーリーがあるようですね。

岸――グロピウスの自邸［1938］をボストン郊外に訪ねたことがあります。最小限住宅ではありませんが、それはコンパクトな白い箱なんですね。面白いのはランドスケープとの対応でした。背後に森を抱え、緩やかに起伏しているランドスケープのなかに置かれた白い箱……それはモダン・デザインに備わる典型的な既視感なのですね。しかし考えてみると、こういう住宅はヨーロッパには存在しないんですよ。今は修景されてきれいですが、サヴォ

2.3
グロピウス：グロピウス自邸、1938

ア邸でさえ周辺のランドスケープが豊かに広がっていたわけではなかった。傾斜地のトゥーゲントハット邸にしても同じことです。モダニズムの体現と見えるグロピウス自邸が、実はヨーロッパに存在しない条件で建っていることに気づいたのです。そうすると、これはモダン・デザインがアメリカで幸せな着地位置を見つけたということなのかなと感じられた。[2.3]

その隣にブロイヤー設計の住宅が建っています。ここからブロイヤーは自身の仕事をスタートしていったのでしょう。それ以降のブロイヤーの展開は、グロピウスとは異なります。次の世代であるブロイヤーは、グロピウス自邸と同じように豊かな起伏のある緑のランドスケープのなかに、住宅本体をポンと置くのではなくてズブズブと埋めていくわけです。高さを押さえつつも存在感を与えられた建物の周辺には、壁的な要素を配置します。このように手を加えることによって、キュービックな建物とランドスケープとの間に、人工とも自然ともつかないエリアができる。建物にも自然の素材を使うことによって、自然に近づけていく。石を張った壁を主題として僅かに人工化させられたランドスケープから建築本体に向かうというシークエンスを造るわけです。おそらく、自分の師匠であるグロピウスがやった「緑のなかに置かれた白い箱」というモダン・デザインの典型例は、意識的に避けたのだと思います。師匠のフォローをしてもしょうがない、と。[2.4]

グロピウスが1946年に設立した共同事務所のTACの弟子たちを見ても面白いですね。シックス・ムーン・ヒルという住宅地がボストン郊外にあります。これはTACのスタッフたちが共同購入した土地に住宅を建てたコミュニティ・エリアなんです。予算の限られた自邸で彼らがやったことは、緑のなかに建物を埋没させていくことでした。敷地

2.4 ブロイヤー：ブロイヤー自邸I、1939

も狭いので白い箱をポンと置くわけにもいかないのでしょうが、やはり先生と同じことはやりたくなかったのだろうと思います。ブロイヤーが建物と自然との対話をはかったのに対し、TACのスタッフたちは自然のなかに建築を二次的な要素として隠した。師匠と弟子の関係には興味深いものがありますね。［**2.5**］

　となると、ハーバード大学でグロピウスに学んだフィリップ・ジョンソン（1906-2005）はどうなのか。彼らの関係について、私が直接知っている痛快なエピソードがあります。ジョンソン氏が来日したとき、中村義昭さんと私が京都を案内することになった。そこで「桂離宮はどうですか」と持ちかけたら、ジョンソン氏は「グロピウスが誉めた建物など見たくない」と言ったんです。なるほど、と思いましたよ。

――ジョンソンの心のなかでのグロピウスの位置づけについては、どのように感じられましたか。

岸　グロピウスは、憎まれたり反発されるような人物ではなかったような気がします。ブロイヤーとの仕事やTACのスタッフから聞いた話やTACという組織のありかたなどを考えるとね。ジョンソンにしても、憎んでいたのではないと思う。自分の先生との距離感を常に意識するようにという、言葉にはならないような指導があったのではないかと思います。そうした教育だったのではないでしょうか。

――ところで、ブロイヤーは1981年に亡くなります。第二世代の建築家のなかでは、かなり激し

2.5 TAC：シックス・ムーン・ヒルの住宅

いバッシングを受けた後半生だったようですね。

岸――私が好きなのは視線がオープンに繋がっていく軽快な住宅なのです。しかし彼には、住宅とは雰囲気の異なるコンクリートの作品があるんですね。ユネスコ本部［1952-58］やニューヨーク大学［1961］、ホイットニー美術館［1966］など、彫塑的で重い造形です。公共建築になると突然マッシブな塊になる。それが70年代になると、ポスト・モダニストや批評家から全面的に非難されるわけですね。そういう意味ではポール・ルドルフもそうです。ルドルフも、初期には非常に軽快な住宅をやっていたのに、後期はやはりコンクリートの塊になっていった。［**2.6**］

アメリカ西海岸の場合

――ミース、グロピウス、ブロイヤーはバウハウスが閉鎖された1934年以降に移住してきます。それに対して、ルドルフ・シンドラー《1887-1953》は10年代、リチャード・ノイトラ《1892-1970》は20年代にウィーンからアメリカに移住して、フランク・ロイド・ライト《1867-1959》に接近した。その後は両者ともライトから距離を置くようになり、インターナショナル・スタイルに組み込まれていった。これは前述したミースなどの他のヨーロッパ勢とは別の道筋を辿ったということでしょうか。

岸――別でしょうね。すでにライトは19世紀的に確立された建築家で、ミースやグロピ

2.6-1
ブロイヤー：ブロイヤー自邸III、1951
2.6-2
ブロイヤー：フーバー邸、1959

ウスが20世紀の建築家だとしたら、ライトは19世紀的巨匠でしょう。ここでむしろ注意したいのは、メディアの役割です。そこでシンドラーたちがライトに近づいたのは、1910年にドイツのヴァスムート社から刊行されたライト図面集が大きく影響したのではないでしょうか。

当時はもうメディアの力が大きくなっていました。私は1981年にシルヴァーレイクのノイトラ自邸［1932］に行ったのですが、その書斎には岸田日出刀の著書『過去の構成』［1929］があった。戦前にノイトラは日本で講演会をしているんですね。そこで何らかの縁があって、岸田さんが著書を送ったんでしょうね。今とは違うかたちでのメディアによる繋がりがあったという気がする。特にヴァスムートの作品集は、彼ら以外にもヨーロッパに強い影響を与えたようです。［2.7］

———シンドラーは、ライトから受けたバーンズダール邸の現場管理の仕事で1920年にロスに行き、そこに自邸［1922］も造って居着いてしまう。ノイトラは1923年に移住してきてタリアセンで働いたあとに、シンドラーに誘われてロスに行くわけですね。［2.8］

岸———ロスでの2人は、ノイトラが商業的にも多くの建物を造ったのに対し、シンドラーはアーティスティックに変わったプロジェクトを手掛けたという感じですね。そうした彼らに共通して感じられるのが、「カルト」なんですよ。出身地のウィーン、ライトのタリアセン、そして辿り着いたロス。いずれもカルト的雰囲気がある。

ノイトラのロヴェル邸[1927]は、「健康住宅」と呼ばれています。施主のフィリップ・ロヴェルさんが唱える健康主義はカルトですからね。シンドラーの廻りもカルト的な人が多かったようです。私の感じですが、ロスそのものが病的な場所なんだと思います。ネバダの奥から水を引いてきて、人工的に造った虚構の町ですからね。水が絶たれたら砂漠ですよ。ノイトラの作品集にあるウエストウッドのアパートの竣工当時の写真を見ると、

2.7 ノイトラ：ノイトラ自邸、1932
2.8 シンドラー：シンドラー自邸、1922

まさに木の生えていない砂漠です。月の表面に白い建物がポンと建っている感じ。月着陸船のような雰囲気でモダン・デザインがある光景は、ヨーロッパや東海岸的風景とはまったく違います。ロヴェル邸にしても、今でこそハリウッドヒルの緑に埋もれていますが、竣工時は砂漠の斜面みたいだった。[2.9]

このように、ロスは本来なら人間の住めないような場所ですから、ここの建築家の仕事もまた何か変なんですよ。例えば、グリーン&グリーン（チャールズ・サムナー 1868-1957 とヘンリー・メイザー 1870-1954）の木造架構に対する過剰な思いこみや、スイッチプレートまで黒檀で造るディテールは、ロスの変質狂的なイメージと重なってしょうがない。シンドラーもそうですね。そうした病的な感じの場所に、いきなり健康的に「見える」建築が現れる。それがノイトラだったりする。また、ケース・スタディ・ハウスで必ず挙げられるピエール・コーニッグ 1925-2004 によるスティールとガラスの住宅（CSH#22）は、一見すると健康そうなのですが、よくよく有名な写真を見ると何かおかしい。パラシュート・スカートの女性の背後にロスの夜景が広がっている風景というのは、テーマパーク／ユニバーサル・スタジオ的な舞台装置ですよね。ロスという都市と自分との距離の取り方が妙に人工的なんですね。[2.10, 2.11]

カルトとカルチャー／ロスからサンフランシスコへ

岸――この演劇的な人工都市には、ノースロップなどの航空機産業があった。そこに付随するアルミやスティールの加工技術によって、ケース・スタディ・ハウスが成立する。そして映画というメディアがあった。このどちらも、消費構造に載った産業です。こうした経済構造が戦後の西海岸の主流だったのですが、1960年代後半から「グリーン・レボリューション」が起こり、ヒッピー・カルチャーが現れてきます。生産と消費の構造が問われ、自然に戻ろうという動きでしたね。バックミンスター・フラー（1895-1983）が再評価され、『ホール・アース・カタログ』がトレンドになる。と同時に、60年代後半には大学が解体する。その時勢をロスは逸し、新しいカルチャーの中心は北のサンフランシスコに移っていった。ヘイト-アシュベ

2.9-1 ノイトラ：ロヴェル邸、1927
2.9-2 同、内部

2.10-1 グリーン&グリーン：ギャンブル邸、1908
2.10-2 同、内部

2.11 コーニッグ：CSH#22、1960

リー地区［注］がヒッピー発祥の地とされるなど、70年代前半までは、サンフランシスコがヒッピー・カルチャーの中心となります。

そうしたヒッピー・カルチャーの気分に見事に対応していた建築が、チャールズ・ムーア［1925-93］のシーランチ・コンドミニアム［1965］だったと思います。こうした動きのほうが一般的には共感を得やすい時代でした。ロスはカルチャーではなくカルトですからね。ですが、70年代に学生だった私は、カルトの街のほうが面白いと思ってロスに行ったわけです。それがCSHに興味を持ったきっかけであり、そこからノイトラやシンドラーを見るようになった。でも皮肉なことに、その頃からサンフランシスコやロスでの建築の主役は、グルーエン・アソシエイツやDMJMなどの大規模設計事務所になっていった。揃ってガラス張りの超高層や巨大ショッピングモールを建て始める。これもひとつの狂気ではあるのかな……。

――ケース・スタディ・ハウスが終わり、ムーアが出てきた60年代半ばから70年代初めにかけて、特に西海岸の建築家や大学はどう動いたのでしょう。

岸　ロスの大学というと、南カリフォルニア大学（USC）、カリフォルニア大学ロサンゼルス校（UCLA）、南カルフォルニア建築大学（SCI-Arc）です。ケース・スタディ・ハウスはUSCと関係が深い。UCLAは建築学科ではなく環境学科とされていた時期もあり、建築というよりも環境カルト的な感じがあった。そうした抑圧的な状況において、70年代の後半に一気に注目されてきたのがフランク・ゲーリー［1929-］です。彼はUSCとハーバード大学で学び、グルーエン事務所を経てからロサンゼルスに戻って独立します。その後に、SCI-Arcで教えていたモーフォシス（1975年に設立）の2人やエリック・オーエン・モス[1943-]が活躍し始め、新しいロスのイメージになっていった。当時もう、サンフランシスコのヒッピー・カルチャーは終わっていましたから、再びロサンゼルスの時代が来たということですね。

古い住宅を改造したゲーリー自邸［1978］を、私は1981年に見に行きました。気分が突き抜けたというか、健康的に見えましたよ。当時、渡辺真理さんが「Chain-link Transparency（金網による透明性）」という面白い表現をしていました。要するにモダニズムの透明性とは、コーリン・ロウが言うように、高度な建築操作やハイ・スタイル・アートの知識とともに実現されてきたわけです。ジョルジュ・ブラックやホワン・グリスの絵を論じ、サヴォア邸やガルシュ邸の透明性を分析するといった、インテレクチュアルなプロセスを必要とする概念です。ゲーリーは、ガラスを精緻に納めるようなバウハウス的透明性ではなく、金網によるラフな半透明性を打ち出した。本当に新しい時代の気分を現す建築でした。それで80年代が始まったなという気がしました。［**2.12**］

自邸の近くには、やはり金網を使ったサンタモニカ・プレイス［1980］というショッピング・センターもできていた。本人が建築に病んでいたかどうかは知りませんが、気軽で自由な印象を受けたのは確かですね。

——狭義のモダニズムからはもちろん、当時のポスト・モダンの陥穽からも自由だった。私も思いました。

2.12
ゲーリー：ゲーリー自邸、1978

岸――時すでに、ジェンクス／グレイヴス的な歴史主義的ポスト・モダニズムは勘弁してくれという感じがありましたからね。とりあえずゲーリーでホッとした。そこからモーフォシスやモス、フランクリン・イスラエル[1945-96]、スタンレー・サイトヴィッツ[1949-]たちへと続いていきます。

人工的な街

岸――ノイトラたちに絡めて、ロサンゼルスが病的な都市だという話をしましたが、それを少し視点を変えて考えてみます。

　いきなりですが、ロスはロッテルダムに似ていませんか？　どこまでも真っ直ぐな地平線って、特にヨーロッパでは変ですよね。オランダは自然の山も川もない造られた国土です。その人工的な環境という意味では、ロスと同じなのですね。建築も何かおかしい。例えばモダニズム建築の傑作として名高いファン・ネレ工場［1927］では、敷地が運河に面しています。その地面と水面は50cmくらいしか違わないので、貨物船の全体像が目の前に現れてくる。つまり、工場より少し小さいヴォリューム感の船が、建物と同じように地上レベルから立ち上がってくるわけです。私たちの知っている港の風景だと、岸壁に接岸する船のデッキは地面と同じくらいの高さですよね。だから、デッキを3－4階くらいに見上げる風景は、本当に異様に思えた。ファン・ネレの空中ブリッジは、そのためなのでしょうね。論理的に考えれば当たり前なのですが、風景の展開が異常すぎる。私だけの感覚かもしれないけれど、こうした人工的な環境は、建築だけでなく人間もシフトさせるように

思えてなりません。［2.13］

ここでアメリカに戻ると、フロリダ州にセレブレーションという町があります。フロリダのディズニー・ワールドの少し南に位置し、アメリカで成功した人たちが余生を過ごすための町です。その意味での「セレブレーション」です。ここの基本的なテーマは、「イングランド」です。シェークスピアが生まれたストラトフォード・オン・エーボンを思わせます。アヒルが泳ぐ川に面して住宅が建ち、その向こうにはゴルフクラブの芝生が広がるといったアングロ・サクソン的原風景としての住宅地。人工湖に面しては劇場や映画館があります。これらはアールデコ・スタイルで造られています。今は財をなした人たちの青春時代の記憶に残るスタイルなのですね。イタリア系の人たちには、コモ湖畔のような風景も準備されています。そして有色人種《カラード》のいない町……。［2.14］

こうした夢の町をディズニーが造ったのです。面白いのは、いわゆる安全確保のためにフェンスで完全に囲われたゲーテッド・コミュニティではないのです。ここにはフリーウェイから入ります。その入口ゲートでお金を払わないと居住区へは行けない。つまり、閉じていることを意識させないようにして閉じるという仕掛けなのです。

要するに、近くのディズニー・ワールドのようにテーマパークのなかで暮らすというコンセプトですよ。セレブレーションを訪問する人は、ゲートで「入場料」を払うわけですからね。大都市から離れたフロリダの田舎に造られた人工の町。近くにはディズニー・ワールドしかない。これまた、ある種のカルトというか、病んでいる感じがする。

2.13
ブリンクマン＆ファン・デル・フルーフト：ファン・ネレ工場、1927

2.14-1 セレブレーションの町並み
2.14-2 同、イングランド的風景
2.14-3 同、イタリア的風景

モダニズムの建築が、どのようにアメリカで受容されていったかという興味と視点から、ブロイヤー、ノイトラ、シンドラーといった人たちの建築を見始めたのですが、逆に彼らの建築が、その建つ環境や文化的な背景、そして場所の特性を逆照射していることに気づいたのです。それは、彼らの主たる建築作品が「インターナショナル・スタイル以降」の、すなわち1920年代後半以降の建築であるからこそ見えてくるものではないか。世界中のどこでも通用し、みんなに幸せをもたらすような建築というモダニズムの夢が幻想であることに気づいたあとでさえも、その夢の可能性に掛けた人たちの建築だからこそ、場所の背景や都市の雰囲気を逆照射しえたのではないでしょうか。
　そのことに気づくと、こんどはアメリカという場所そのものに興味が移ってくる。例えば、セレブレーションという人工の都市。それは何もないフロリダ半島の真ん中に創られた、偽装された歴史性と自らのアイデンティティ確認の証明のような都市。そんな信じられない都市が存在することに驚嘆し、それを理想郷だと言える人たちの国、アメリカ。一見するとオプティミスムの固まりのように見える彼らの精神の背後にある巨大な暗闇のようなものを、垣間見たような気がするのです。
　もっとも、我が国でも、ディズニーランドに熱狂する人たちを見ていると、それは私たちの過去でもアイデンティティ確認のトゥールでもないわけですから、さらに上位にあるメタレベルの暗闇を、私たちも同様に抱えているのかもしれませんね。

［注］

私が訪れた1976年には、すでにヒッピー発祥の地という面影はなく、商業地区になっていました。しかし不思議なことに、ここには今でもヒッピー・カルチャーが生きているんですね。カリフォルニア大学バークレー校には定年がなく、そこの70歳くらいの教授はヒッピー世代なんですよ。ですから、60年代後半から70年代前半のカルチャーが、そのまま保存されている。それもまた、ある種の文化的な奇形みたいな感じもします。

そうした時間の停止は、世界の各地に残っています。ケネス・フランプトンに勧められて行ったチリのリトケもそうでした。ヴァルパライソの北西にある町ですが、ここにはヒッピー・コミュニティが今もそのまま生きています。今は60歳から70歳になっていますが、60年代に20代だったと思われる彼らの言動と行動は当時のままです。バークレーはスピリチュアルのレベルに留まりますが、このチリの片隅にはヒッピーのコミューンがそのまま残っている。今も新しい人が来て、セルフビルドの家を建てています。本当にカルトを感じました。

アメリカにおけるモダニズムの受容［2］

前講では、1910年代以降にウィーンからフランク・ロイド・ライト経由でアメリカ西海岸に辿り着いたルドルフ・シンドラーとリチャード・ノイトラ、遅れて30年代にドイツから逃れ、主に東海岸で教育と実践にあたったヴァルター・グロピウスとマルセル・ブロイヤーたちの行動が語られた。本講では、同じくアメリカに移住してきた建築家であり、その地のみならず全世界的に多大な影響を及ぼすことになったミース・ファン・デル・ローエ、そして彼をアメリカで待ち受けていたミース信奉者フィリップ・ジョンソンに絞って考えていく。

ドイツでのミース

岸――ミース・ファン・デル・ローエ(1886-1969)については、リアルなものとして出現する建築と、例えば写真や印刷物あるいは展覧会といったメディアを通して表現される建築の両方を考えることが重要だ、という気がします。というのは、ドイツ時代のミースの仕事では、ドローイングが大きな意味を持っていると思われるからです。それは「フリードリヒ街のオフィスビル」〔1919〕や「ガラスのスカイスクレーパー」〔1921〕といった有名なドローイングはもちろん、「鉄筋コンクリート造の田園住宅」〔1924〕も典型的な例として挙げられます。これについては、1970年代の初め頃にピーター・アイゼンマン(1932-)が、断面を起こせない建築だとする論考を出しています。ファサードの開口部と床スラブの位置が整合しない。平面図らしきものはあるものの断面が納まっておらず、これはパースを描くためだけのプロジェクトである、と。すなわち、「煉瓦造の田園住宅」〔1923〕に続いて発表するプロジェクトという文脈を意識して描かれたドローイングですよね。そうしたセンセーショナルなところがある。

これは、自分自身が他者のフィルターを通して見られることを想定している。そういう意味では『エスプリ・ヌーヴォー』を創刊したル・コルビュジエ《1887-1965》も同じですね。ミースもメディアと建築の関係を考えて、エル・リシツキー《1890-1941》たちが編集していた『G』という雑誌に近づいてプロジェクトや文章を発表しています。近代建築家はメディアとドローイングを通してイメージを作り上げていくのですね。その先駆者はフランク・ロイド・ライト《1867-1959》で、1910年にドイツのヴァスムート社から出版した作品集は、ル・コルビュジエやミースはもちろんヨーロッパ建築界に大きな影響を与えました。

もちろんミースは実際の建築もすごい。いろいろな観点があるのでしょうが、仮にミースの建築をマテリアリティ／素材性という意味で捉えてみると、ソリッドな素材を使ってヴォイドな空間を造る建築家だと言えると思います。考えてみると、こうした建築家は20世紀には、わりと少ないんですね。例えばル・コルビュジエの白い抽象的な建築（特に戦前の）では、白がペンキであれ漆喰であれ、あるいは構造がコンクリートであれ煉瓦であれ、そのこと自体の素材性はあまり問われていない。ル・コルビュジエは、白い抽象的な面でヴォイドなモダニズム空間を構成することを第一に考えた。そうした意味からすると、ミースはトリッキーと言えるんですね。むしろソリッドでリアルな素材を使う。例えばクレフェルトのヘルマン・ランゲ邸［1928］では、総煉瓦造の姿をそのまま見せている。バルセロナ・パヴィリオン［1929］では、石、スティール、何種類かのガラス（ガラスにも意図的に素材感を与える）を見せる。それらを用いて、近代の建築たるべきヴォイドな空間（スペース）を造り上げることがターゲットとされている。つまり、ル・コルビュジエあるいはジュゼッペ・テラーニ1904-43のように、マテリアリティを特に問わずに抽象的な空間を造るという意図は分かりやすい——アイゼンマンはル・コルビュジエをセマンティカル、テラーニをシンタクティカルという言い方をして区別しますが——。しかしミースの場合は、とてもモノ性の高いリアルな素材を使いながら、ヴォイドな空間と呼ばれる〈残余〉を最終的に問うていた。そのあたりが、時に大きく2つにぶれたりする。それが私にとってのミースの面白さです。[3.1]

アメリカでのミース

岸——そうしたミースの素材感覚を、アメリカに移ってからの典型例として、ファーンズワース邸［1950］とIITクラウン・ホール［1956］で考えてみましょう。まずファーンズワース邸は、ソリッドなスティール構造が特徴ですね。スティールと石の取り合いや、天井と壁の関係も美しく納まっています。モノ性に対して極めて誠実な断面が描かれています。一方のクラウン・ホールでは、同じように見えても実際は、視覚をコントロールするための舞台セットのような断面になっています。特に天井のディテールを見ると分かるのですが、内部から外に向かって見ると、天井が外周の柱に行きつかずに終わっている。スティールとガラスが向こう側に作る風景を、額縁のように天井が切り取る。つまり天井は柱とは出会わずに浮いて見えるわけです。さらにメインのストラクチャーは屋根の上に浮いていますね。つまり、視覚的なヴォイドな空間を造るために、構造もディテールもトリッキーに仕組ま

れている。[3.2,3.3]

　ついつい私たちは、クラウン・ホールをファーンズワース邸とセットで見てしまうから、クラウン・ホールも誠実――素材に対して、という意味で――な建築だと思ってしまう。そうではなくて、ミースには誠実に考える部分と視覚を優先する部分の二面性が常にあるように私は思います。その中間的なのが、レイクショア・ドライブ[1951]とかシーグラム・ビル[1958]ではないか。どちらも垂直線がすごくきれいです。I形鋼やH形鋼を使ったファサードを、私たちは何か二次的な構造柱の連続のように見てしまう。でも実際はサッシュのマリオンです。さらに面白いのは、コンクリートにブロンズを巻いた本体の柱と、同じ金属素材のマリオンで構成されたカーテンウォールが、平面図を見ると分かります

3.1 ミース：ヘルマン・ランゲ邸、1928
3.2 ミース：ファーンズワース邸、1950
3.3-1 ミース：IITクラウン・ホール、1956
3.3-2 同、内部

が、接しているわけです。キャンティレバーで押し出して構造とカーテンウォールの縁を切ってしまえば簡単——そんなに単純なものではないと思いますが——なのに、分断せずに密着させるという状態になっている。ファーンズワース邸の柱とスラブの関係も思い出します。つまり奇妙に点で接触したり、面で接触したりするという不思議な風景が出現している。とはいえ、外部あるいは内部を見て、明らかにおかしな事件が起きているわけではない。ですが、なにか奇妙な状態。そのあたりが——近松門左衛門の虚実皮膜論じゃないけど——本当に面白い。〔**3.4,3.5**〕

そうした奇妙さが、晩年のベルリンの新国立ギャラリー〔1968〕では姿を消しているんですよ。大きい建築ですから、特に設備・空調の関係で押さえ込むことができなかったのかもしれません。大屋根を柱がピンで支持するというクリアーなディテールです。これほど分かりやすい建築は、ミースのなかでも珍しいと思う。柱、屋根、床、天井、ファサードなどが意表をつく取り合いをするのが、ミース建築だったはず。ここでは別の意味で奇妙なことも起きているんです。内部空間では大きな壁が天井まで伸びて建物を支持しているように見える。しかし壁に見える物体はダクト・スペースなんです。平面図では、ダクトは細い線で描いてありますから、確かに柱とガラスだけのワンルーム空間に感じられます。でも実際に内部に行くと、この2本の空調ダクトが巨大なコラムのように見えるわけです。それは有名な十字形のスティール・コラムよりも存在感がある。そうしたトリックではなくて、別の騙されかたをしたかった。最後にきて、「ミース先生、素直になってしまったのですか」という感じがしたのですね。〔**3.6**〕

それがミースに対する私の大きな文脈です。建築にとっての視覚／イメージの問題をメディアと実物で示していった。それも、マテリアリティの誠実さと不誠実さという虚と実を使い分けて建築にしていった。

——素材に関してですと、特にドイツ時代にコラボレートしたリリー・ライヒ 1885-1947 の存在も注目されてきているようですね。

岸——ミースの素材感覚をソリッド／ヴォイドあるいはリアル／ヴァーチャルという意味で考えると、まさにリリー・ライヒの仕事に典型的に現れています。彼女が手掛けた展覧

3.4 ミース：レイクショア・ドライブ・アパートメント、1951

3.5 ミース：シーグラム・ビル、1958

3.6-1 ミース：新国立ギャラリー、ベルリン、1968

3.6-2 同、内部

会のインスタレーションを見ると、シルクやガラスが上手に使われています。協同したバルセロナ・パヴィリオンでは、透明、フロスト、グリーン、ブルー、グレー、ブラックなど、4種類から5種類のガラスを使い分けています。ガラスを透明素材と思わない感覚は、ミースもライヒも同じなんですね。ただ、ライヒの主な仕事がインテリア・デザインや展覧会インスタレーションだったので、そうした素材感覚は直接的に出てくるのですね。ミースが後に建てるファーンズワース邸でも、シルクの素晴らしいカーテンが装備されています。そうした官能的な素材感は、ドイツ時代にライヒと協同したベルリン建築博の展示住宅[1931]やベルリン・モード展[1927]などが大きく影響しているように思います。

「フィリップ・ジョンソン」とは何か

岸　1937年にアメリカに移住して以降のミースを考えると、やはりフィリップ・ジョンソン(1906-2005)に触れなくてはいけません。ジョンソンとはいったい何だったんでしょうか。

ジョンソンは1932年に「モダン・アーキテクチャー：インターナショナル展」を、MOMA館長のアルフレッド・バーと建築史家ヘンリー＝ラッセル・ヒッチコックの3人で纏めます。これが近代建築のフェーズを大きく動かしたことは間違いない。おそらく新大陸という状況が大きいのでしょうが、ここに集めた作品を彼らは「インターナショナル・スタイル」と総括するわけです。同名の展覧会カタログを見ると、「インターナショナル・スタイル」建築の即物的な原則が書いてあります。マッスではなく「ヴォリュームとしての建築」、「規則性」、「装飾付加の忌避」とか。そこではグロピウス的に「機能」だとか「世界」だとか言わないんですよ。完成した形態のルールであって、その背後にあるイズムや国際性はさておいて、彼らの決めたルールによって建築を取捨選択し、「インターナショナル・スタイル」と呼んだ。こうしてモダニズムの位相は決定的にズレていきます。特にアメリカでは、イズムを外してスタイルだけに絞り込んだことは重要な意味を持ち続けていきます。

ところで、この「インターナショナル」展はアメリカ国内を巡回しているんですね。そうしたプロモーション的な視点も持っていた。加えて、展覧会カタログである『インターナショナル・スタイル』は、翻訳されて世界中で出版されました。今でも読まれていますからね。ですから、世界的な規模でメディアの持つ力が意識化されてきた時代だったという気がする。その後もジョンソンは、自身のキャリアにおいて、メディアとの関係を非常に上手く意図的に使っていくわけです。

「ガラスの家」と「ファーンズワース邸」

岸——ジョンソンとミースの関係となると、「ガラスの家」［1949］の話をせざるを得ないわけです。「ガラスの家」でジョンソンがやった最も大きいことは——もちろん私にとってですが——、ここで決定的にモダニズムにおけるオリジナル神話を崩壊させたということです。すでに1932年の「インターナショナル展」で、彼はスタイルブックを作ってしまったわけですよね。とはいえ、そこには少なからずオリジナル神話は存在していました。実際そこには多様な答えがあったのですから。ですが、この「ガラスの家」を『アーキテクチュラル・レヴュー』（1950年9月号）に発表したときに、この建物にオリジナリティはないことを彼は表明している。ここのデザインを決定した複数のレファレンスを明らかにしているわけです。ディテールはミース、配置計画はアクロポリス、平面構成はマレーヴィッチ……。これは相当に重要な発言で、次の時代が来たことを示していると思うんですね。ここで言う「オリジナリティ神話の崩壊」とは、オルタナティヴ（alternative＝代替案、選択肢）という考え方が始まったことを意味しています。要するに複数ある答えのなかから、何を選ぶかという行為が設計なんだということ。実際にジョンソンが言っているわけではありませんが、そう私が確信したのは、1970年代にIAUS（建築・都市研究所）が出版していた雑誌『Oppositions』の「ガラスの家」特集号を見てからです。そこには先ほどの『レヴュー』で発表された以外の初期案が数多く示されていた。なかにはガラスの箱でもなんでもない様式建築のようなスタディもあった。つまりオルタナティヴが山のようにあるんですね。ガラスの箱に丸いコアが置かれただけの住宅。それを決めるために膨大な数のオルタナティヴが存在している。選ぶだけでいいとなると、すごく気軽なデザインの世界が展開するのかと思うじゃないですか。そうではなくて、複数のオルタナティヴを見つけて決定するには相当なエネルギーが必要だということを考えさせられました。高名な建築家には、あるときに神が降りてきて啓示を受けるといった天才神話がありますよね。しかしジョンソンは、白鳥のように水面下では足を一生懸命動かしていた……。[3.7]

これまたメディアを通して発表したわけです。しかも彼よりずっと若いアイゼン

マンたちがやっている『Oppositions』という雑誌に。どういう心境だったのかを考えてしまう。相当にハードな決意だったのかもしれない。ミステリアスなままでも良かったわけですからね。

――それは確固たる自信があって手の内を明かしたのではない、と。

岸　『Oppositions』を見ると、手の内を明かすという気楽な雰囲気ではなかった。すでに当時のジョンソンは、デザインなんて苦労せずに気軽にできるというポジションにあった思うんですよね。しかし一生懸命だという感じを私は受けたのです。この人は結構シリアスなんだという印象のほうが強かった。

――でも、特に後年のポスト・モダニズム以降の作品になってくると、いかにも気軽に造っているというイメージが強いのですが……。

岸　そうなんですよ。
「ガラスの家」に関しては膨大な資料を発表したから、彼のシリアスさが想像できるのですけどね。ポスト・モダンの時代に、ジョンソンは自邸の敷地内に、フランク・ゲーリー風の図書館を造っています。私はすべての配置計画を含めてジョンソン邸だと思っていますが、この建物を含めて全体を見ると、あまりシリアスな感じはしないのです。です

3.7-1
ジョンソン：ガラスの家、1949
3.7-2
同、内部

から『Oppositions』を見たときの、「本当はシリアスな建築家」というイメージが、「えっ」という気がするんです。もちろん、何年も掛けて造っているということもあるのでしょうけどね。

　また、ミースがチロル・アルプスに計画した自邸［1934］の断面スケッチを、ジョンソンが実現した住宅もあります。いい住宅だと思うのですが、やはり人のスケッチを実現するという発想——話としては面白いのですが——を見ると、本当にシリアスなのかとも思ってしまう。当たり前ですが、つかみにくい人には間違いありませんね。

——「ガラスの家」におけるレファレンス対象としての「ミース」、あるいは「ファーンズワース邸」という存在はどうだったのでしょうか。同じガラス箱でも、高床式ではなく地面に置くとか。前講ではグロピウス自邸とブロイヤー自邸の関係について話していただきましたが。

岸——ファーンズワース邸の図面を見て、意識的に違えていったと思いますよ。基壇があってコラムが立ち、屋根が掛かる。その下に、ポーチから前室、炉のあるスペースが連続して納まる。完全にメガロンの形式になっている。すぐにジョンソンは、ミースは自分のパルテノンを造ろうとしてるなと思ったはずですよ。もちろんフォックス川の洪水を理由にして床を持ち上げますが、本心は神殿だったと思えるのです。その図面を見たジョンソンは、即座に別のことを考えたのではないか。

　ファーンズワース邸は天井高が約3mあります。それは「ガラスの家」でも引き継いだのか、結構高いんですね。でもファーンズワース邸に入ると、そんなに高かったという印象はない。しかし「ガラスの家」では、ボカーンとしたヴォイドを感じた。そういう意味では、空間的な感動から遠いのですね。ファーンズワース邸の圧倒的な密実感／ソリッド感は、「ガラスの家」にはない。だけど、心地良さそうなのは「ガラスの家」なんですよね。私がファーンズワース邸を見に行ったのは、イギリスのディベロッパーでもありミース崇拝者だったピーター・パランボ氏がオーナーだった時代です。そのバスルームに入ってみると、氏のプライベートな写真や小物が数多く飾ってあった。それは、ここを所有することに対するストレスなんですね。ここにしか置けない。つまりバスルーム以外は、シルクのカーテンも含めてミースの設定どうりなんです。そうした場を支配するソリッドな力がミースの建築にはある。対して「ガラスの家」は、もっと自由な雰囲気を持っている。ジョンソンはプッサンの絵を画架に据えていましたよね。なるほどね、という感じがする。ファーンズワース邸には似合わない絵……。

アメリカにおけるミースの系譜

岸――アメリカにおけるミースの系譜で普通に出てくるのは、ミース→SOM→マーフィー／ヤーンといった流れだったりします。しかし、ここでミース→ジョンソンを考えると、次にはポール・ルドルフ《1918-97》がいるという気がする。その流れからすると、現在はスティーヴン・ホール《1947-》ではないかと思えるわけです。これはアメリカの建築のなかで、先ほどから話しているマテリアリティ／素材性を引きずる系譜でもあるのです。ルドルフに関して言えば、プラン的にはケース・スタディ・ハウスに似た、平屋の伸びやかなオープンプランの住宅をマイアミでいくつも建てていますよね。そのひとつに、リビア・クオリティ・ハウス［1948］という中庭のような空間にメッシュを張って半屋外にしている住宅があります。要するに蚊を防ぐ網戸なのですが、それをサッシュに取り付けるのではなくて、オープンな空間そのものをメッシュで囲って内部空間化してしまっている。すなわち、ガラスで囲われた空間の隣にメッシュで囲われた空間があって、さらに外部に続くというシークエンスをとるんです。どうもルドルフは、メッシュの半透明で軽い素材感が好きだったのではないかと思えるんですよ。蚊がいるからメッシュなのではなく、ガラス箱の隣にくる素材として考えたのではないか。後に展開していく有名なコンクリートの剥り仕上げにも、ある種のフェティッシュな素材感があります。そうしたマテリアリティによるヴォイドな空間という系譜から言うと、今はスティーヴン・ホールではないかと思っている。それは、初期の安そうな木造住宅から感じていました。最近の仕事で気になっているのは、プラット・インスティチュートのヒギンズ・ホール［2005］。このフロストガラスの塊のような建物は、ある種の素材意識があってこそ成立しているような気がする。こうした、ソリッド／ヴォイドあるいはリアル／ヴァーチャルの間を揺れ動いたり、素材性と抽象を行き来するミース的な感じは、SOMやヘルムート・ヤーン 1940- の方向ではなく、ルドルフやホールといった建築家に流れたのではないかという気がします。［3.8］

ミースの系譜は2つの方向に分かれている、と。

3.8 ルドルフ：リビア・クオリティ・ハウス、1948

岸　私がSOM／ゴードン・バンシャフト(1909-90)のベストだと思うベイニッケ稀覯本図書館[1963]は、薄い大理石を透過して入ってくる光を主役とした建物です。SOMが数多く手掛けたオフィスビルのようにガラスは使っていないけれども、素材を主役にしたという意味からすると、実にミース的だと思うわけです。しかし、一般的にSOMの代表作と言えば、やはりレヴァー・ハウス[1952]ですよね。これはもちろん「ミース風」と呼ばれます。ただ私は、SOMによるオフィスビルは、ガラスを透明にしようとしたからこそ、素材性という意味でミースの建築とは違う方向に行ったような気がするのです。ミースはガラスという素材が透明だと思ったことなど一度もなかったんじゃないかな。[3.9]

そうした観点からエズラ・ストラーの写真を見ると面白い。彼はミースやSOMの良質の建築を撮っています。そこには写真でしか見ることのできない建築空間が表現されています。昼が夜に変わるときに、ガラス越しに内部と外部がひとつに繋がる瞬間がありますね。この空間は写真でしか出現しない。ガラスは写真のなかだけで透明になる素材だと思うのです。そうでないときは、「石」ですよね。ある一瞬だけガラスは透明になり、内外の空間が融解していく風景が現れる。つまりミース的な空間が消失していく瞬間の写真を、ストラーは撮ったとも言える。逆に、そうした写真に写っているガラス建築は、ミースが造ろうとしたものではないことに気づいてしまう。むしろミース建築の特質は、例えばシーグラム・ビルやレイクショア・ドライブのように、屹然とソリッドに立つ空間なのではないか。黒い木炭で描いた初期のスカイスクレーパーのドローイングのイメージ。おそらくガラス建築とは、ソリッドな墓石のような建物なのではないか、そう思えるんです

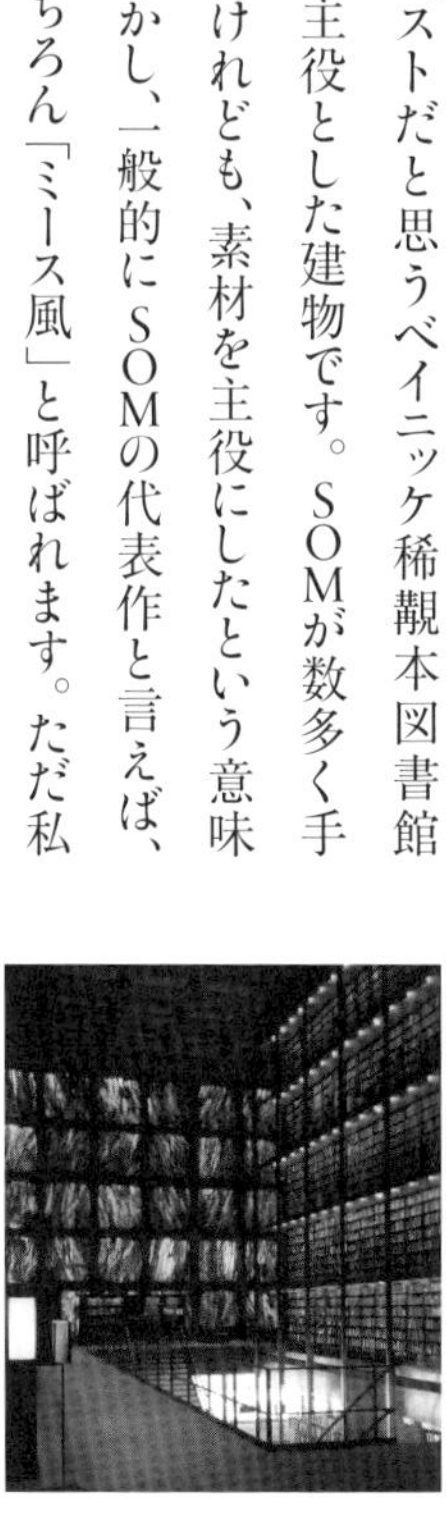

3.9
SOM：ベイニッケ稀覯本図書館、1963

よ。「フリードリヒ街のオフィスビル」「ガラスのスカイスクレーパー」の透明には見えない幽霊のようなドローイングが、レイクショア・ドライヴやシーグラム・ビルとしてアメリカで実現した。もちろん形態こそ、四角い箱型になりましたけどね。

そうした意味で、私にとって発見的だった写真があります。杉本博司の〈Twice as Infinity〉（無限の2倍）というシリーズに写っているシーグラム・ビルです。焦点距離を無限大以上に伸ばして撮っているので、ディテールが飛んでいて、大まかなフォルムしか写らない。それは幽霊とか黒い墓石にしか見えない。まさにフリードリヒ街と同じイメージ。私が初めてニューヨークに行ったのは1976年です。MOMAから東に向かってビル街を歩いていたら、ふと右側に変な気持ちの悪さを感じた。見上げてみるとシーグラム・ビルだった。なんとも、すさまじい建築だという気がしましたね。

その斜め向かいに立っているレヴァー・ハウスは、いかにも健康な建築だという気がします。どちらに事務所を持ちたいかと聞かれれば、明るくて楽しそうなレヴァー・ハウスのほうがいいと答えそうですね。

ポスト・モダンの時代へ

――ミースは1969年に亡くなります。文化的な動乱や反乱が最高潮に達した時期と重なります。すでに近代建築、特に「擬ミース様式」の高層ビルに対する批判は始まっていましたが、その後に続くポスト・モダンの時代は見ずにすんだわけですね。一方のジョンソンは次第に時代の大立者になっていく。

70年代はホワイト派とグレイ派の上位に君臨し、さらに次に来るポスト・モダンの大波を乗り越えていく。ただ、そうしたオーガナイザーとしての評価と建築家としての評価は乖離していったようにも思えます。このあたりの時代についてはいかがでしょうか。

岸　まず、私は以前からモダニズムへの疑問を1950年代の半ばに「ニュー・ブルータリズム」として打ち出していたスミッソン夫妻（ピーター《1923-2003》とアリソン《1928-93》）が気になっていました。民主的な秩序だった世界観に対して、少し違う提案をしたと言われていますね。美術におけるポップ・アートとパラレルに語られたりもします。ですが、実際に彼らのハンスタントン中学校［1954］に行ってみると、立派な建築なんですよ。同じような時期に建てられたミースのクラウン・ホールと大して違わない。確かに予算の問題はありますが、先ほどから話しているマテリアリティとソリッド／ヴォイドの関係において、いかに空間を造っていくかという論点からしたら同じように思えた。ただ、ハンスタントンにはリアルなツールが多いんですね。単にスティールの柱、窓のガラス、床のタイル、ということだけではなく、ハンスタントンは、例えば便器とか、排水管、洗面台、既製品のサッシュなどのサブ的なエレメントにまでリアルな居場所を与えている。それだけの違いで、私にとっては同じく素晴らしいスティールの建物なのです。むしろ、クラウン・ホールのようなヴィジュアル上のトリックを使わず、リアルさだけを訴求してくるハンスタントンの感動のほうが大きかったのかもしれません。［3.10］

岸さんにとっては、IITクラウン・ホールとハンスタントン中学校は強い同一性を持つ、と。

3.10-1
スミッソン：ハンスタントン中学校、1954
3.10-2
同、内部

ただ、構造、設備、素材などをありのままに見せていくというニュー・ブルータリズムの文脈では、ル・コルビュジエに代表される打ち放しコンクリートの「ブルータル」なテクスチャーも参照されているのですよね。マルセイユのユニテ［1952］とか。

岸——それは少し違うと思うんですよ。ニュー・ブルータリズムを理論化したレイナー・バンハムは、「beyond aesthetic」と言うわけです。確かにハンスタントン中学校は、美学なんか重要じゃないと発言しているかのように見えます。しかし、ル・コルビュジエは同じようなことをやっても、「within aesthetic」なんですね。これらはバンハムのレトリックだという気がする。「beyond aesthetic＝もう美学の時代じゃなくて、リアリズムの時代だ」という彼一流のプロパガンダは、強い即効力を持って広まった。

しかし時間を経て冷静に考えると、ニュー・ブルータリズムも美学に思えてくる。彼らのすぐ後には、ニューヨーク・ファイヴが現れてきました。これは、構造がフェイクであろうが、建築には「エセティックしかない」という態度を示します。70年代前半の変動する社会とは無縁の、白くてきれいな建築が出てきた。私はこれまた、「beyond」と大して立ち位置が違うとも思えなかったし、その時代相のなかで小気味よく思ったのも事実です。

——ニューヨーク・ファイヴ（ホワイト派）たちが参照したのは、ル・コルビュジエ初期の白い住宅ですね。その精神性ではなく、美的な部分だけを引き出してきた。とはいえ、系統的にはル・コルビュジエの遺伝子を引き継いだわけですね。その彼らを——対するグレイ派も含めて——キッズ（子供たち）と呼んで可愛がったのが、ジョンソンだった。これまた面白い巡り合わせですね。

岸―― 意味的にも、「ジョンソンの子供たち」ですよね。スピリットはいらない、われわれが継承できるのはスタイルだけだという態度は。彼らは、ル・コルビュジエの「３００万人のための現代都市」［1922］などの社会性のあるプロジェクトを俎上に上げませんでした。さらに、ル・コルビュジエ後期の地中海的な陰影のあるコンクリートによる空間ではなくて、ほとんどマテリアリティが捨象された明るく白い抽象的な建築にいくわけですよね。

かたやグレイ派のほうは、グリーン・レヴォリューションなどが唱えられていた社会と直結して見られたのです。ただ私は、チャールズ・ムーア 1925-93 によってサンフランシスコ郊外に建てられたシーランチ・コンドミニアム［1965］が当時の時代精神を形として現しただけの「草の根」建築だとは全然思わない。そう見えますけどね。ともかく、こうした時代相のなかでムーアたちのグレー派とリチャード・マイヤー 1934- たちのホワイト派が同時に現れてきたということです。［**3.11,3.12**］

―― そこでは、スーパーグラフィックなどの先進的なポップ・アートを取り入れたのがグレイ派のムーアであり、ホワイト派のマイヤーたちは戦前のル・コルビュジエ住宅というハイ・アート的な美学に遡行していった……。

岸―― そのあたりで両方が混じるんですね。要するに、マイヤーたちの住宅のクライア

ントは東海岸の金持ちですよ。彼らは、サム・フランシスやジャクソン・ポロックといった50年代の抽象絵画、リキテンシュタインやジャスパー・ジョーンズなどのポップ・アートを買っていた。それらを飾るためには、ホワイト派の白い壁がいいわけですよ。つまり、モダン・アートを収納するための建築（住宅）に目的が特化してきていた。

これは社会的な面で考えると嫌な感じもするのですが、だからといって、ストレートに社会性を出されるのも辛い部分もありますよね。学生だった私は、特に好きなシーランチに心が引き寄せられていったのですが、同時に、東海岸の金持ちのコレクションを掛けるための白い住宅にも惹かれた。そうした、右を見たり左見たりという状況はありましたね。

そんな2つの大きな潮流を束ねていたのが、ジョンソンだったのかもしれない。次

3.11 ムーア：シーランチ・コンドミニアム、1965
3.12 マイヤー：スミス邸、1967

第にポスト・モダニズムへと動いていく時代のなかで……。

——ジョンソンは、モダン・アートのコレクターでもありました。自邸の敷地内にある絵画館や彫刻館は、モダン・アートの宝庫ですものね。

——ジャスパー・ジョーンズ、アンディ・ウォーホル、リキテンシュタイン、ラウシェンバーグ……。しかし「ガラスの家」にはプッサンが置かれている。それを数寄者（すきしゃ）の面目躍如と言ってしまうと、話が落ちすぎでしょうか。

岸　やはりジョンソンは簡単に分かる人ではありませんね。「ガラスの家」以外は全部ダメ、と言うのは簡単なんですが……。でも私には、初期の折衷主義的な仕事も魅力的に見えるわけです。いわゆるミニマルで抽象的な建築ではなくて、悪趣味の一歩手前で立ち止まっているような建築。例えばリンカーン・センターにあるニューヨーク州立劇場［1964］とか。そこではニューヨークの上流階級が好む空間の質が求められます。気軽にパリのオペラ座に行くような人たちを満足させなければいけない。しかし、確かに彼はクライアント・オリエンテッドかもしれないけど、そこになにかシニカルな距離の取り方をしている。どこか突き放した批判精神はとても面白い。でも、ジョンソンの建築が狂信的に好きな人は現れないでしょうね。

ミースとは違う大きさを持った人物だと思います。鵺《ぬえ》みたいで、正しい／間違いといった倫理を超えた世界にいる感じですね。

第4講

読み替えられるモダニズム

本講では、第二次大戦前夜のヨーロッパや日本においてモダニズムを引き受けた建築家について考察していく。すでに見てきたように、ウィーンからアメリカに移住してきたシンドラーとノイトラは、フランク・ロイド・ライトを経由して西海岸に辿り着いている。それと同じような時期に、日本の土浦亀城もまたタリアセンで働いていた。そして政情不安なヨーロッパに留まった建築家たちもまた、独自の活動をしていた。

ライト経由のモダニスト：土浦亀城の場合

岸　やはり近代建築を考えるときに大きな出来事だったのは、1932年のインターナショナル展（近代建築：国際展覧会）だと思います。モダニズムの理念がスタイルに読み替えられて、世界に敷衍していく発端とも言える出来事です。そのとき、実際に世界の建築はどう動いていたのか。それを学生の頃から知りたいと思っていました。スタイルなんだから、いろいろあるはずですよね。歴史の研究室に所属していた私は、毎日のように書庫に潜っていました。そこで世界中の古い雑誌を見るわけです。例えばフランスだと『L'Architecture Vivante』や『L'Architecture d'Aujourd'hui』、日本だと『国際建築』や『新建築』などをひっくり返していた。まずマルセル・ブロイヤー(1902-81)に出会い、次いでフランスのアンドレ・リュルサ(1894-1970)がいいと思ったり、イギリスのマックスウェル・フライ(1899-1987)やリュベトキン&テクトン（バーソルド・リュベトキン(1901-90)）、ドイツのルックハルト&アンカー（ハンス・ルックハルト(1890-1954)）とか……。同じようにして、戦前の『国際建築』で土浦亀城(1897-1996)に出会うわけです。土浦さんは大学時代に帝国ホテルの現場を手伝っていて、卒業後の1923年にタリアセンに行かれます。1926年に帰国して大倉土木に務め、1934年から独立した建築家として活動される。

そのときの私の視線は近代建築の「イズム」そのものにはなく、インターナショナル・スタイルが世界で受容される状況にありました。建築家を探し出すということよりも、その人の建築がどれだけ、そしてどのように抽象度が高いのか、例えばマッスではなくてどのようにしてヴォリュームとしての建築を成立させていくのか、という目で見ていたのです。戦前の日本を見ていて、その視点に引っかかったのが蔵田周忠(1895-1966)や山口文象(1902-78)であり、土浦亀城だったわけですね。蔵田さんや文象さんたちは、戦後も活躍されていますから、私にも幾ばくかの知識はあったのですが、土浦さんの戦後の活動に関してはまったく知らなかった。タリアセン帰りという先入観がありますから、どこかライト風なのだろうと思っていた。大倉土木に入った頃の最初の仕事など（例えば、1929年に竣工した山本邸）が強いて言うとライト風にも思えますが、それ以降はインターナショナル・スタイルになっていくんですね。建築を抽象性という観点から捉えるという文脈からしても、国際的な評価に十分に値するのではないかと感じました。土浦さんの建築がなぜ正しく評価されてこなかったのだろうか。そこで土浦亀城を修士論文で分析してみようと思ったんですね。その読み取り方として、コーリン・ロウ(1920-99)やピーター・アイゼンマン(1932-)の方法論を参考にしたことは、第1講で話したとおりです。実際に土浦さんとお会いして目黒の御自宅を拝見できたのは、その20年くらい後の1990年代に入ってからですが、この修論は今でも私が折々に立ち戻るような基準点でもありますね。

この時代の白くてツルツルしているインターナショナル・スタイルの建築は、丹下健三（1913-2005）さんが衛生陶器派と呼んだものですよね。抽象化という視点から言うと、アイゼンマンはカードボード・アーキテクチャーと呼んでいる。まあ、そういう蔑称（別称）はともかく、建築を抽象的な次元で捉えようとする試みとして、きちんと見ていこうと思ったわけです。

ただ、そこで土浦さんとなると、フランク・ロイド・ライト（1867-1959）のタリアセンをどう考えるかという問題が残りますね。そこにはリチャード・ノイトラ（1892-1970）がいて、ルドルフ・シンドラー（1887-1953）がいて、土浦さんもいた。その彼らは後に、誰もいわゆるライト的な仕事の展開を見せない。ライトを次ぐ世代で、最もライト的な建築家は誰かなと考えると、やはりブルース・ガフ（1904-82）などが挙げられます。でも、ガフはライトに私淑するものの、タリアセンには行っていない。そのあたりも面白いなと、当時は思っていましたね。

――アメリカでは特にオクラホマやアリゾナの一派にライトの精神は引き継がれたようですね。ガフを頂点とするオクラホマ・スクールのハーブ・グリーン（1929-）やバート・プリンス（1947-）たち。少し意味は違いますが、パオロ・ソレリ（1919-2013）のアルコサンティもタリアセンの精神を範としています。

岸――そうですね。しかし先に述べた3人もライト的な部分をどこかで引き継いでいるのではないか、とも思っていました。シンドラーは、抽象性と具象性のせめぎあいという観点から見ると、とても高いレベルでライトの精神を引き継いでいると私は思います。シンドラーの作品には白くて四角い箱もありますが、単純な一枚岩ではない。そういう意味で言うと、ノイトラの建築には単純な直球勝負みたいなところがある。そしてその2人の中間に位置するのが土浦さんのような気がする。左翼手《レフト》・シンドラー、右翼手《ライト》・ノイトラ、中堅手《センター》・ツチウラ……この布陣が私の理解なんですね。

──それでも、3人揃ってライト色を消していったというのは面白いですね。師匠の装飾的なモチーフを取り込もうとはしなかった。あるいは、あまりにも個人的なデザインなので取り込めなかったのかもしれませんが。

岸　先ほど話したように、土浦さんも帰国後にライト的な建物を造っています。でも後の作品に比べると、さほど印象的ではありません。やはり土浦さんは、皮膚感覚よりも理性が勝った方なのではないかな。ライトの建築は、ライト独特のロマンティシズムに共感できないと辛いところがありますよね。それが理性的には了解可能だとしても、いざ自分の問題として引き受けるとなると……ちょっと厳しい。例えばオランダのウィレム・マリヌス・デュドック 1884-1974 はライトに強く影響を受けたとされていますが、全面的にライトを取り込んだとは言えない。私はむしろ、ラグナール・エストベリ 1866-1945 たちによる北欧のナショナル・ロマンティシズムを想起してしまう。

──確かに、1910年のヴァスムート版作品集がヨーロッパに大きな影響を与えたことは定説になっています。しかし、だからと言って、ライト的な建築が多く実現しているかというと、そうでもない。それはアメリカにおいてさえ。

岸　おそらくライトの建築を見て、当時の建築家は自分なりに抽象化するプロセスを辿ったのだと思います。ミース《1886-1969》にしても、「煉瓦造の田園住宅」[1923]や「鉄筋コンクリート造の田園住宅」[1924]では、プレーリー・ハウスの平面を放射状の壁に読み替えていくわけですよね。これらは明らかにライト作品集の影響下にあると思えるのです。それをさらに抽象化したのがバルセロナ・パヴィリオン[1924]ではないか。「煉瓦造の田園住宅」のライト的な放射状プランは、バルセロナになると閉じ始めるんですよね。要するにL字型やコ字型の壁が閉じて、ある限定領域内に建築が収められてくる。ここではもう、ライトとは決定的に違う平面になっている。プレーリー・ハウスの重要な要素である屋根も、ミースは換骨奪胎して幾何学的な水平面に縮退させてしまった。さらにL字型に閉じた壁はもっと閉じて、コートハウスへと最終着地します。またコートハウスとは別の閉じ方の極地が、ファーンズワース邸[1950]や「50 ft×50 ft House」[1951]だと考えてもいい。

土浦さんも、ライト的な空間を独自に抽象化していったのではないかと思いますね。ただ、私は図面だけで形態分析をしていたのですが、実際に自邸[1935]を訪れてみると、ライトを感じたんですよ。空間が立体的に重層して繋がっていく構成は、「なるほど！」という感じがした。白い空間で、表面的にはライトのモチーフは現れていないのですけどね。[**4.1**]

——大谷石も装飾的コンクリート・ブロックも使っていないけれども、ライトを……。

岸——ええ。修士論文を書いていた頃は、図面からこれはアドルフ・ロース《1870-1933》かなと思っていたんですよ。ミューラー邸[1930]やモーラー邸[1928]に見られるラウムプランではないかと。でも、実際に体験してみると、どうもそうではないなと思った。ラウムプランは実際に体験していないのですが、その空間の重層の仕方はロースではなくライト的なのではないかという気がした。

ここで面白いのは、スプリット・レベルのL型プランの空間の入隅に現れる水平連続窓です。これは普通、水平なスラブの重層を標記するものですよね。でも土浦邸の水平連続窓は、レベルの差を越えていくわけです。スプリット・レベルの片方のフロアだと低い場所にあるのに、別のフロアでは高い場所に出現するという構成になっている。外部から

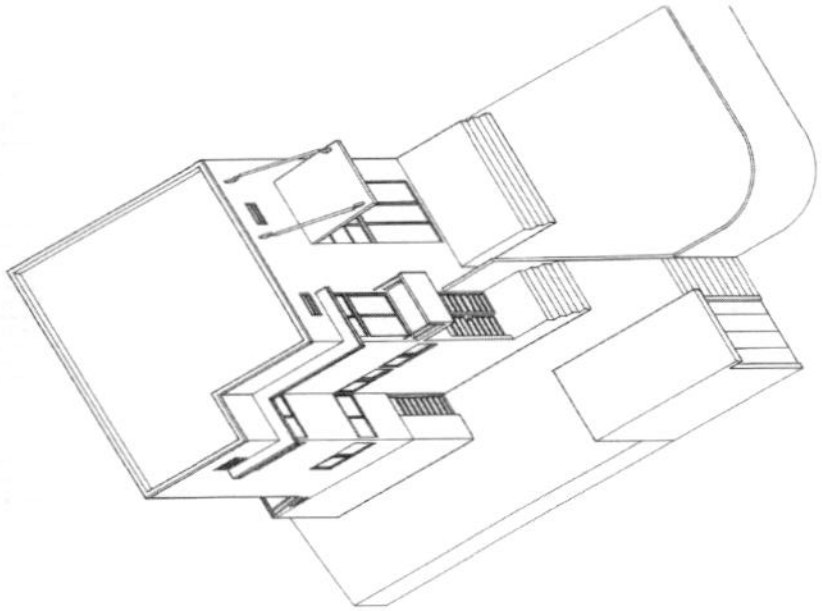

4.1-1
土浦亀城：土浦亀城自邸、1935
4.1-2
同、アクソノメトリック（南西方向）

見ると一本の水平連続窓ですが、内部からはそうではない。ややこしい場所に水平連続窓が現れて、南面する解りやすい場所には有名な大開口が現れる。これは相当に理性的に構想された構成ではないか。

また、土浦自邸で言われることが少ないのはランドスケープとの関係です。そこもライト的とも言えるんですよ。もちろんプレーリー・ハウスのように広い敷地ではないのですが、ランドスケープと建築がきちんと対応している。特にこの二番目の自邸は、45度に切り込んだレベル差のあるアプローチが、そのまま絶妙に建築の内部空間へと繋がっていく。デザインとしてはライト的ではないのですが、その内外空間の繋ぎ方は引き継いでいる感じはしますね。サヴォア邸［1931］のように地表と関係なしに白い箱を空中に持ち上げるのではなく、与えられた敷地条件と密接に関係した箱を地面に置くんですね。ピロティという形式を取らない。それはむしろグロピウス的とも言えるかもしれない。

もうひとつ土浦さんがライトから引き継いだ重要なものは、じつはライフ・スタイルではないかと思っています。タリアセンでは正装したスタッフによる音楽会が毎晩のように開かれていた。音楽家である土浦夫人も演奏したそうです。土浦邸でも、リビング・ルームに友人たちが集まって音楽会やダンスパーティーが催されていた。これは当時の日本では、相当にハイブローなライフ・スタイルですよね。ただし、それは戦争で断ち切られてしまうのですけどね。

――フランク・ロイド・ライトとインターナショナル・スタイルの幸福な融合とも言えるのでしょうか。

岸　また、土浦亀城を論じると、すぐにトロッケンバウなどの乾式工法の話になりがちですよね。ヴァルター・グロピウス《1883-1969》の実践者みたいに受け取られたりもする。でも私は、それだけではないような気がします。土浦さんの住宅は、すごく抽象度が高いわけです。2：3のグリッドがすべてのエレメントを決定している俵邸［1931］という住宅があります。幾何学が建築を支配することの意味と、建築における外被（envelop）の意味を、十分に理解されていたことの証左のような住宅です。グリッドというテーマは、木造トロッケンバウというパネル工法から出てくるわけですが、その空間の抽象度の高さは当時のヨーロッパにも見られないレベルだと思うんですよ。ル・コルビュジエ《1887-1965》は漆喰を塗ってしまうし、ミースだと石を張る。グリッドというテーマを建築の被膜として抱えた俵邸は、とても興味深い住宅です。［**4.2**］

こうしたモダニズム創成期からインターナショナル・スタイルの時代、日本の多くの建築家たちが世界に建築を見に行きます［『近代建築の目撃者』佐々木宏編、新建築社、1977］。それはバウハウス的なものだけでなく、ガウディや北欧のナショナル・ロマンティシズム、ドイツやオランダの表現主義などに興味を持たれた方々も多いわけですよね。もちろんル・コルビュジエだったり、アメリカの商業建築だったりもする。土浦さんの場合はライトのところへ行きながらも、作品自体がインターナショナル・スタイルやグロピウスに傾いていったのは、大変に面白い現象ですね。

ここで日本からヨーロッパに場所を変えて、冒頭に名前を出されたアンドレ・リュルサやバーソルド・リュベトキンたちの活動について聞かせてください。

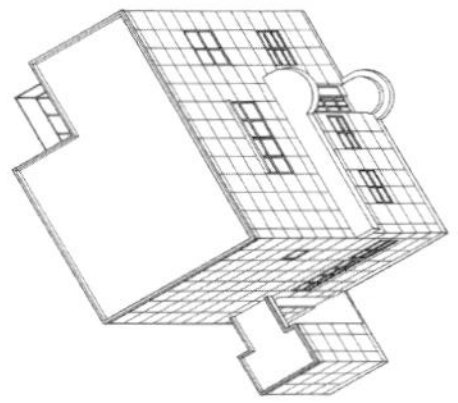

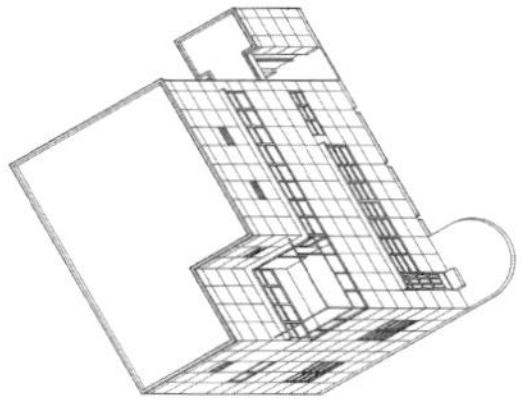

4.2-1
土浦亀城：俵邸、アクソノメトリック（北東方向）、1931
4.2-2
同、アクソノメトリック（南西方向）

フランスやイギリスの場合

岸　私たちは1920年代から1930年代のフランスの建築家というと、ル・コルビュジエくらいしか知りませんよね。せいぜい、「インターナショナル」展で選ばれたアンドレ・リュルサくらい。ところが当時の『L'Architecture Vivante』などを見ていると、ル・コルビュジエ以外にも派手に活躍している人が大勢います。例えば、現在では椅子のデザイナーのように思われているロベール・マレ=ステヴァン《1886-1945》ですが、当時は建築や映画セットから家具までをデザインしていて、本人の写真を見てもおしゃれで格好いいわけです。当時の雑誌にはやたらと登場しています。同じ雑誌に出ているル・コルビュジエの記事を見ると、何か難しい話をしているような辛気くさい雰囲気なんですね。

――　マレ=ステヴァンは数軒の住宅をパリの一画にまとめて建てて、その私道に自分の名前を付けていますよね。

岸　新興ブルジョワジーをクライアントとしたプライベート街区を作ったのですね。ル・コルビュジエのクライアントよりも豊かだったのだと思いますよ。ル・コルビュジエにもカップ・マルタンに「プロムナード・ル・コルビュジエ」という道がありますが、これは小屋（キャバノン）に行く山道みたいなものですからね。マレ=ステヴァンの場合は、中心地区ではないとはいえパリの通りの名前ですからね。

マレ＝ステヴァンが1920年代に南フランスに建てた住宅の写真集があります。今や打ち捨てられて廃墟になっているのですが、これがいいんですよ。いかにも貴族や芸術家・芸能人といった特権階級が集まるような「モダンな家」。往時の淫蕩な雰囲気を思わせるようなプールもある。しかし、そうした大スターであるマレ＝ステヴァンを、今の私たちは本当に知らない。「時間」というフィルターの残酷さを思います。彼は長いこと評価されず、やっと数年前になって、ポンピドゥー・センターで回顧展が開催されたくらいです。

アンドレ・リュルサ――彼は時代のスターでもなかった――にしても、やはりマルクス主義的な左翼思想からの評価が強くて、あまり造形者（フォーム・ギヴァー）として語られていない。でも私はフォーム・ギヴァーとしても優れた建築家だと思うんですね。ドイツのルックハルト＆アンカーにしても、記憶に残るいい住宅があります。どうも、忘れ去られた建築家が好きなんですね。その立ち位置に、何かがありそうで……。

イギリスのバーソルド・リュベトキンは不思議な人なんですね。ハイポイントI［1934］は明らかにモダン・デザインなのですが、ハイポイントII［1938］になるとエントランス・ポーチの柱がカリアティードになっている。近代建築が通底している建築文化や歴史の奥深さは、そうした柱が付いているかどうかなど大した問題じゃないと思います。私は柱をギリシア風にしたからそれはダメな建築だとは思わないんですよ。

――CIAMのイギリス部会だったMARSグループ（リュベトキン、マックスウェル・フライなどが所属）が再評価されてきたり、2010年にオープンしたローマの21世紀美術館（設計＝ザハ・ハディド）のオープニング展のひとつがルイジ・モレッティ展だったり、今日のお話に出てくるような忘れ去られた建築家の見直しも始まっているようですね。

幸せな時代の終焉——建築原理への回帰

岸——ルイジ・モレッティ《1907-73》の建築も昔から好きでした。ファシズム時代の建築家で、彼もまた長いこと忘れられてきた。作品もフェンシング場くらいしか知られていない。ファシズムの建築は、戦後ずっとアンタッチャブルでした。まずはイタリアのファシズム期におけるモダン・デザインの建築から少しずつ論文が書かれてきて、再評価され始めた。そこでの最大の問題は、アルベルト・シュペーア《1905-81》ですよね。80年代だったか、大きな作品集が出版された［『Arbert Speer: Architecture 1932-1942』、1985］。その当時、私は触れてはいけないのだろうと思いながらもシュペーアを見ていた。白くも抽象的でもない建築を——しかも巨大スケールで——、モダニズムの時代に造るとは一体どういうことなのだろうか。ひょっとして、古代ギリシア・ローマ的な古典主義と近代主義／モダニズムとは、意外と近い関係にあるのではないか。さらに端的に言うと、パウル・トロースト《1878-1934》によるドイツ美術館［1937］の列柱が並んでいる様は確かに新古典主義なのですが、これと近代主義の距離はどれくらいなんだろうかと考えていた。大して遠くないのではないか、と思い始めたのです。今回の議論でも常にグロピウスが見え隠れしていますね。グロピウスと言えば理念であり、ここから国際建築が唱えられてきた。しかし、そうした理念がなくても建築ができてしまい、しか

4.3-1 トロースト：ドイツ美術館、1937
4.3-2 同、外部列柱

もキチンとした存在感を持つことを、どう受け取ればいいのだろうか。[4.3]

私たちが暮らしている今の社会にも同じことが言えます。私の世代である70年安保の時代、一瞬世界は変わるのかなと思ったのですが、結局は変わらないことが解った。60年代の高度成長はオイルショックで一時ストップしましたが、その後も世界経済は大きく成長していくわけですよね。巨大な商業建築もできてくる。これをどう受け止めるか。社会のイズムとパラレルに出現してくる建築という意味では、ファシズムの建築と似たような位置関係にあるのではないかと思ってしまう。それぞれの時代の持つイズムを是として受け止めて、それを形態にトランスフォームすることが建築家の乗る文脈だとすると、私たちの仕事とは何なのかと思ってしまう。確かに私たちが教科書で学習したのは、理想とすべき社会像(イズム)があって、それを形に変換するのがモダン・デザイン/近代主義だったわけです。しかし、そうではない実例が数多く存在することも解ってきた。高度成長の時代にあって、何を信じ、どこへ立ち戻ればよかったのか。コントロール不能の社会にあっては、建築の背後にある理念も消失してしまう、あるいは信じられなくなる。

そこで私が考えたのは、逆に建築そのものの持つ力を信じるという「建築原理主義」でした。そこでしか建築家として誠実になれないし、例えばトローストの建築など理解できないのではないかと思ったわけです。同じように、90年代の半ばから「モダニズムを偽装する」という言い方もしています。ソ連が崩壊した時点で、社会的な文脈でのモダニズム(=近代主義)は崩壊しましたね。世界そのものが、資本によって支配され始める。そうすると、平等な社会における市民像をベースにした近代社会という理念の実現を確かめるまもなく、世界はスーパー資本主義社会に向かって走り始めたわけですよね。そこでフォーム・ギヴァーたる建築家は何を考えたらいいのか。とりあえずは、世界を構成している人々が、市民として同じ価値を持って生きていることを信じるふりをするしかない。もちろん信じられないことですよ。アフリカで飢えている難民の横で、10億ドルの投資話をする人たちがいるわけですからね。市民像なんか崩壊している。しかし、とりあえず建築家としては、誰もがイコールだとする「モダニズム」を偽装するところからしか建築など造れないのではないか。

　こうしたことを考えた遠因には、先ほどのリュルサがあるんですね。テラーニやリベラ、シュペーアもそうですが、個人の立ち位置と建築とをどう結びつけていいのかが解らない状況で苦闘してきた人が大勢います。日本でもそうですよね。そうしたことを70年代の後半頃から思っていた。そこで、さらに90年代に社会そのものが大きく変質していくなかで建築家としての立ち位置を考えたときに、「偽装」や「原理主義」といった言葉を持ち出したわけです。かなりの居直りですけどね。

――そういう意味では、ミースもル・コルビュジエも同様なんですよね。資本主義やファシズムとの密接な関係を考えると。ただ作品があまりにも傑出しているので、彼らの社会性はあまり問われないだけ。建築だけが語られる。

岸――そこには、建築の本質に迫るようなところがある。例えばシンケル《1781-1841》。彼はネオ・ゴシックの教会、新古典主義のアルテス・ムゼウム、カジュアル・ロマンティシズムとでも呼びたいようなポツダムの養樹園など、仕事（クライアント）によって造り分ける。そこにはゴシックやクラシックの精神性などはない。強いて言えば、19世紀的精神とでも呼べるのでしょうか。少し前では、レオ・フォン・クレンツェ《1784-1864》の建築も興味深いですね。アルテ・ピナコテークやワルハラなど。

やはり建築は実業の部分があるからしんどいですね。私でも、もし仮に京都の四条烏丸に200m級の超高層を設計してくれと依頼されたら、受けるかもしれない。あげく、京都の景観を壊した人物として500年くらい批判され続けるのも悪くない（笑）。それがシュペーアの立ち位置でしたよね。でもそれは建築家として、決してありえない人生ではないという感じはする。かなり露悪的な言い方ですけどね。

ブルネッレスキに感じた同時代性

―― ところで岸さんは、歴史研の書庫で出会った土浦亀城、ノイトラ、ブロイヤー、リュルサたちと同じ視線上に、ブルネッレスキ《1377-1446》やパッラーディオ《1508-80》というルネサンス期の建築家も置いていたそうですね。そのあたりを説明していただけますか。

岸―― 当時私が所属していた歴史研究室でみんながよくする話題の一つは、アルベルティ《1404-72》とかパッラーディオなど、ルネサンス建築についてのものだったんです。例えば不謹慎な話ですが、アルベルティって槇文彦さんみたいな人だったんだろうか、なんて話をしていました。もちろんパッラーディオと言えば、磯崎新さんですね。それは、〈建築家〉という概念がルネサンス期になって初めて明確になったと思ったからなのです。もちろん磯崎さんのマニエリスムを巡る言説にも影響されましたけどね。

そして1981年に事務所を始めたときに、とりあえずイタリアを見ようと思いました。フィレンツェでは、何とはなくドゥオーモを過ぎて、孤児養育院前の広場に辿り着きました。ここで私はこれはレプリカだと思ったんですね。後年にブルネッレスキのフォロワーが造った似通ったものだろうと。そうしたら本物だったわけです。私には500年以上も前の建築ではなく、せいぜい50年くらい前の建築にしか見えなかった。それだけ同時代的に感じられた。孤児養育院は内外逆転の建築ですよね。ルネサンス以前のロッジアは、基本的にはファサードに持ってくるものではなくて中庭に作るものでしたよね。それを都市の広場にも持ってきた。これまで都市は外部であり、そこに建築はファサードを構えて立つ。しかし、この孤児養育院は、都市の広場を中庭のように見立てている。しかもロッジアの構造には、鋳鉄のタイバーを引張材として導入していますから、柱のプロポーションがすごく細くなっている。そのため正面から見ると、正方形と円の幾何学によってファサードが支配されていることが、はっきりと理解できます。また、柱が細いため、ゴシックやロマネスクの建築と比べて、ロッジアの奥まで光が入って来ます。だから新しすぎる建物のように思えて、偽物のように思えたんでしょうね。私は論よりも肉体感覚を信じていくタイプなので、この15世紀の建築は、もちろん現代と同じやり方ではないけれど、少なくとも自分とコミュニケートできる建築だと思った。これから後、ルネサンス以降の建築は、現代建築と同じように見てよいのだという私流の傲慢な結論に至るわけです。そういう目でパラッツォ・メジチ＝リッカルディ（ミケロッツォ・ミケロッツィ）を見ると、ファサードの端部の納まりが変に思えた。クライアント（メジチ家）の要求に押されたのか、形態文法的に考えても奇妙ところがある。それは建築を通じて５００年前の建築家とコミュニケートしているということですから、そのコミュニケーションが成立したことに建築家という職能に自分が就いていることの幸せを感じましたね。それが私にとってのルネサンス建築なのです。とても同時代的に見えた。[**4.4, 4.5**]

4.4-1 ブルネッレスキ：孤児養育院、1445
4.4-2 同、ロッジアと中庭

4.5-1 ミケロッツィ：パラッツオ・メジチ＝リッカルディ、1459
4.5-2 同、ファサード端部

その一方で、別の見方を教えてくれた建築もあります。建築の向こう側にいる個人とコミュニケートするという形式ではなく、圧倒的に得体の知れないすごいものとして存在する建築。例えばパンテオンであったり、フランスのトロネやセナンクのシトー会修道院ですね。フィレンツェでルネサンス建築とのコミュニケートを思ってローマに行ったら、パンテオンでボカーンと殴られたような気がした。別の建築もあるのだ……。ルネサンス以前の建築、建築が個人や人間の名の下に記述可能になる以前の建築。建築と世界の対応の在り方の別の側面、ルネサンスとは異なる側面を教えてくれたのはパンテオンでした。そのローマはバロックの街でもありますよね。ベルニーニやボッロミーニを見ると、素直に面白いなと思えた。ただ、それもまた、ブルネッレスキから感じた同時代感とは少し違うんですね。[4.6]

――古典的な空間のすごさを感じつつも、ルネサンスと20世紀が――バロックで途中下車せず直結していたと考えていいのですか。でも、ブルネッレスキは孤児養育院であって、ドゥオーモではなかったのですね。

岸――ドゥオーモじゃないんですよ。

サン・ロレンツォ教会も、ブルネレスキの違う側面が現れていて親近感を持ちました。内部空間が構造体から自立していて、外皮を一枚むけば違う世界がいくらでも展開できる。これが「インテリア・デザイン」なんだと思いましたね。じつはドゥオーモも基本となる構造体自体は古いのですから、同じなんですけどね。

それでも、私にとっては孤児養育院の印象が圧倒的でした。その後になると、まったく違う文脈で、大徳寺孤篷庵が孤児養育院と同じくらい重要な位置を占めるのですが……。それはいずれまた、お話ししましょう。

4.6-1
パンテオン、118-125
4.6-2
同、内部見上げ

第5講

失速したモダニストたち

正統にモダニズムを受容し展開してきた人たちが、時代の変遷において忘れ去られていく現実がある。ただ単にスタイルの流行に乗れなかったケースもあろうが、バッシングに近い扱いを受けて退場していった建築家もいる。それが、グロピウス→ブロイヤー→ルドルフというモダニズムの本流にあった人たちだったりもする。なぜ彼らは叩かれなければならなかったのか。彼らを含めた1960年代のモダニズム否定の動きは、ポスト・モダンの混乱を生んだ。そして1990年代には両者とも息絶えたような状況に至った。そのあたりを考察することで、モダニズムが抱えてきた問題が浮かんでくるのではないか。

抽象と具象

岸――広く芸術一般にも関わってくると思いますが、建築の在り様を考えてみたときに――さまざまな捉え方があり、誤解もあるかもしれませんが――、まず抽象、あるいは秩序を指向する傾向があると思います。それは、この場に存在しないものを指向する思考とも言えます。もうひとつは、人間の内面に向かっていく、ルネサンス以降の時代における主観的な傾向があります。少し意味がずれますが、具象的な傾向と要約してもいいかもしれません。そうした主観的な指向はどの時代にもあり、近代のイズムで言うとドイツ表現主義になりますね。

このように抽象へと向かっていく／拡散していく指向と、内部に沈潜していく指向の2つがある。ものを造っていくには、その片方だけではダメなんですね。巨匠として生き残った建築家たちを考えてみると、誰もがその両方を押さえ込んでいるわけです。ル・コルビュジエ《1887-1965》を考えてみても、それこそ戦前の白い建築は完全に抽象／秩序指向です。ドミノ・システム［1914］は典型的な秩序指向ですよね。それに対して戦後のコンクリート建築は、地中海的人間像を表現するような主観／具象指向に変わっていったと思うんです。しかし、ラ・トゥーレット修道院［1959］などを見ると、人間の内部に沈潜していく主観的な傾向だけではなくて、抽象的な宇宙や秩序に向かう傾向も同時にそこにある。つまり2つのバランスがキチンととれていると私は思っています。残念ながら、それをグロピウス一派はできなかった。初期の住宅に、その傾向を読むことはできますが……。ヴァルター・グロピウス《1883-1969》は片方の方向を明らかにしなかったのですね。自己の内面に沈潜していく／主観的に表現していくことを、表現のフィールドにしなかった。その設計組織すら建築家の共同体（TAC＝The Architects Collaborative）として展開していく。これは設計プロセスさえ抽象化していく方向ですよね。それを先ほどのドイツ表現主義との関係から考えてみると、おそらくブルーノ・タウト《1880-1938》などの表現派的な傾向に対して、バウハウスのグロピウスは意図的にロジカルな位置に立ったのだろうという想像がつきます。代表的な仕事はやはりバウハウスで、そのなかでも教員用宿舎が私には印象に残りますが、一作家としての主観的な傾向の作品は初期の少数の例外を除いて見あたらないですよね。その教育を受けたマルセル・ブロイヤー《1902-81》やポール・ルドルフ《1918-97》の初期の仕事は抽象的な傾向を示します。しかし彼らは、後にコンクリートと出会って主観／具象の傾向に陥っていく。コンクリートは可塑的《プラスティック》な素材ですから、形態は扱う人の恣意に任されます。そこにおいて主観的な表現を求められると、建築家は「素材が要求してくる」と

思うんじゃないかな。［5.1］

ブロイヤーのコンクリートの大きな仕事は、基本的にはクリーンな形態なのですが、どこか妙に可塑的で重い表現をとる。ブロイヤー事務所の元スタッフに聞いたことがあるのですが、コンクリート系の建物は取りあえず重くしろという指示だったらしい。ブロイヤー建築のよさは、重さではなかったはずですよね。［5.2］

——戦前の「ワシリー・チェア」［1925］のシャープさとは結びつかない話ですね。

岸——住宅は戦前も戦後もいいんですけどね。

5.1-1
ル・コルビュジエ：
ラ・トゥーレット修道院、1959
5.1-2
同、外観

次にルドルフですが、例えばロバート・ヴェンチューリ《1925-》が「beautiful and heroic」と「ugly and ordinary」という対比表に使ったクロフォード・マナー高齢者アパート［1966］という建物があります。これはコンクリートの剥り仕上げを大々的に施し、可塑的な素材感を生かそうとしている。空間のスケールに比べて、素材表現が過剰に感じられます。ルドルフはスケール感が小さいんですね。住宅だとそれがプラスに作用して、広さや高さがインティミットな感じになるんですよ。ところが、大きい建物になると、有名なパースで見る格好よさが見えてこない。実物を見ると80％くらいに縮小された感じで、伸びやかではないんですね。それでもイェール大学の美術・建築学部棟［1964］はいい建築だと思いますが、やはり有名な断面パースから想像していたスケールとは違っていた。［**5.3**］

——あの建物も、学生に占拠されたり火事にあったり、さんざんな目にあいましたね。

岸——彼らは出口のないところに行ってしまった。要するに、コンクリートという自由に扱える素材に出会ったがために、その持つパワーに負けてしまったのではないか。もう少し抽象的な空間のほうが体質にあうような人が可塑的な素材と出会ったときに、魅力的な主観的表現に取り込まれてしまった。私自身、どう見ても初期のクリーンな表現のほうが好きです。

——具体的に彼らが影響を受けたのは、誰のコンクリートでしょうか。ル・コルビュジエ？

岸——難しい問題ですね。誤解を恐れず言います。先ほど少しドイツ表現主義の話をしました。こうしたコンクリートのことを考えるときに私が最初に思い出すのは、ルドルフ・シュタイナー 1861-1925 による第二ゲーテアヌム[1928]なんです。そして2番目に思うのがル・コルビュジエです。コンクリートらしい造形ということだと、どうしてもゲーテアヌムの表現に行き当たってしまう。ただ、そのコンクリートとル・コルビュジエ後期のコンクリートは違うんですね。

ここでチャンディガールを考えてみると、基本的にはル・コルビュジエの意志と同時に、その彼方にある秩序感によって全体がコントロールされていますよね。それが彼自身の都市像なのか、さらに遠くに在る建築と都市の秩序という名の神の姿なのかは分かりませんが、ル・コルビュジエがコンクリートというツールを使いながらも、その素材性だけを考えているのではないことが見えてきますよね。そこがゲーテアヌムとチャンディガールとを分ける点だと思う。建築家が見る抽象の夢と、神智学者シュタイナーという建築の素人によるブリコラージュとの違い。それはプロの仕事と比べてレベルが低いということではありません。シュタイナーのなかでは送り届けられる先が設定されているのですが、それが建築として現れていない。自分が設定した遠くの姿を建築に投影させることは、すごく大変なことだと思う。心のなかに遠いものを考え、その思いで建物を造ることはできます。ですが、遥か遠くの方向性をその個別の建築に埋め込めるのがプロの仕事なんですね。つまり完成した建物にどれだけ抽象的な思考を埋め込められるかということなのです。ゲーテアヌムに膨大なエネルギーが込められていることは理解できるのですが、抽象的な思考の痕跡が埋め込まれてはいない。そういう感じがする。そういう意味で言

5.2-1
ブロイヤー：ニューヨーク市立大学
リーマン・カレッジ，1960
5.2-2
同、外観

5.3
ルドルフ：
イェール大学美術・建築学部棟，1964

うと、同じようにロマンティックな姿形をしているけれども、ドイツ表現派の建築家の仕事――例えばハンス・ペルツィヒ《1869-1936》のベルリン大劇場［1919］――とは全然違うものなのです。これはもちろん、建築の善し悪しの話ではなくて抽象や具象／主観の話ですが……。そのあたりは、ドイツ・バロックのあたりまで遡れるのですけどね。

――勝手な解釈ですが、私はブロイヤーやルドルフのコンクリートは、1950年代半ばにスミッソン夫妻が提唱したニュー・ブルータリズムに影響されたのではないかと思っていました。スミッソンたちは、素材性の表現という意味においてル・コルビュジエの打ち放しコンクリートに共感していたのは確かだと思います。その一点だけを、ブロイヤーやルドルフは拡大解釈したのではないか。つまりニュー・ブルータリズムの部分的な解釈。「素材そのままに」という主張だけを信じてしまった。

岸――例えばマルセイユのユニテ［1952］に見られるような可塑的なテクノロジーに、ある種の抽象的な思いを込めるのはなかなか難しいわけです。しかし、ル・コルビュジエはそれができた。ブロイヤーのユネスコ本部ビルを見ると、ブリーズソレイユなどユニテと似た部分はありますよね。しかし何が決定的に違うかというと、同じくコンクリート打ち放しというラフな素材で造られているけれども、ユニテには建築の彼方に顔を見せる秩序感が確実に設定されていることです。次にル・コルビュジエは、そうした建築でも何か必ずルール違反を犯す。ユニテでは、屋上庭園やエレベーションに見られますね。チャンディガールだと、水平に伸びる総合庁舎の絶妙なエレベーションでしょうか。つまり、まずルールを設定して建築を造り、その上で再び自分でルールを破るわけです。ブロイヤーやルドルフは、その最後のルール破りができなかった。すなわち秩序表現を可塑的なコンクリートの建築に持ち込むことはできるんですが、最後の裏切りができなかったんじゃないか。マルセイユのユニテにある屋上庭園などは、全体の計画的な側面からすると優先性が高いわけではない。しかし完成後に建築的な目で見ると、絶対に必要だと思える。それがベルリンなどに建てられた同じようなユニテとマルセイユを別物にしている点なのですね。さまざまな理由からルール破りができなかった、あるいは小規模に留められたのですね。

これと逆なのがスミッソン夫妻（ピーター 1923-2003 とアリソン 1928-93）です。秩序表現という基本ルールだけで、すごい建築を造ってしまった。まさに圧倒的な秩序感です。設備系までコントロール下に置いてしまう冷徹なまでのロジックと、その場所で手に入る最も標準化されたテクノロジーの使用というルールブックに則って造ったのが、ハンスタントンの中学校［1954］ですね。つまり第一段階の秩序の建築を造るところで終わっている。そこには、ロマンティックな可塑性を持つコンクリートという二層目を重ねない。まさに一点突破・全面展開です。その二層目に三層目を重ねて素晴らしい建築を造ったのが、ル・コルビュジエですね。残念ながらブロイヤーやルドルフは、二層目で終わってしまったという気がする。［5.4］

アートとの連関を見る

岸――ブロイヤーやルドルフがコンクリートの罠に陥って可塑的な表現を始めた

5.4-1 スミッソン：ハンスタントン中学校、1954

5.4-2 同、内部

1950年代は、アートにおける抽象表現主義の時代とも重なりますよね。サム・フランシス《1923-94》、ジャクソン・ポロック《1912-56》、デ・クーニング《1904-97》……彼らは抽象的な表現のなかに偶然性を持ち込んで、絵画のなかに主観や偶然を導入しようとした。基本的に抽象的な表現である建築に〈主観〉を導入しようとした点では、ルドルフやブロイヤーの動きも似ているんですよね。

次の1960年代に現れるのがポップ・アートです。ジャスパー・ジョーンズ《1930-》、ロイ・リキテンシュタイン《1923-97》、アンディ・ウォーホル《1928-87》たちが出てきて、世界の切り取り方が一転しますよね。彼らの最大の功績は――それは早くもフィリップ・ジョンソン《1906-2005》が1950年に「ガラスの家」で言っていたことですが――オリジナリティ神話からの解放でした。例えば、マリリン・モンローの写真をシルクスクリーンで刷ると、それが私のオリジナルのアートだという話ですよね。それはRe-present（=表象）ですよね。再度の表現。すでに存在するものを、あるフィルターを通して再び表現するということが重要になってきます。抽象表現主義で行われた感情の表現というロマンティックな時代ではなくて、作家のフィルターのなかをインテレクチャルに通過させることによって、その変化を見せる表現になってくる。ある種の再現芸術の時代に入ってきたのだと思います。言うなれば、オイル・ペインティングからシルクスクリーン・プリンティングへ、ということではないかという気がしています。このポップ・アートの時代に並行して出てくるのが、ロバート・ヴェンチューリ《1925-93》やチャールズ・ムーアだったりする。強引かもしれませんが、ここには共通する同時代性が見えるような気がします。

1980年代に入ると、ニュー・バッド・ペインティングが注目されてきました。一般的にはニュー・ペインティング（新表現主義）と呼ばれていますが、そのなかで私が好きだったのはジャン＝ミッシェル・バスキア《1960-88》でしたね。このあたりの動きには意味があるように思っています。それは、ある種の作家の思いを込める抽象表現主義における古典的絵画像と、Re-present（＝表象）に時代性を求めるポップ・アートが、この時代で出会ったのではないかという気がするんです。ニュー・ペインティングの連中が最初やっていたのは、地下鉄やビルの壁への落書きです。そこには〈画家としての〉自己表現という意識はなかったわけですよね。つまり、落書きでも文脈をずらすと芸術という文脈に乗るのだという地点からスタートしてくる。これをリプレゼンタティヴ／表象的なアートだと言えるかどうかは分かりませんが、少なくとも何か新しい時代が開き始めたという気分が私にはありました。

理念なき抽象性を受容する

岸　その80年代の建築の世界は、前半が吹き荒れるポスト・モダンの時代、後半が嵐の後の奇妙な静寂の時代だと言えるのかもしれません。しかし私自身にとって感慨深いのは、70年代の私にとってヒーローだったピーター・アイゼンマン《1932-》の失速です。精神分析医に罹ってメンタルなリハビリをやりながら、いわゆる有機体をアナライズすることから出てくるようなフラクタルな構造に建築を置き換えていくことをやっていた。私には何か宗教を探しているかのような行動に見えていました。そんなアイゼンマンの仕事を見ながら、

「本当に出口はないな」とか思っていたのです。抽象を徹底的に指向するということは、これほどまでに痛々しい結論に至るのか……、と。当時のオハイオ州立大学ウェクスナー・センター［1982-89］は、雑誌の表紙も飾っていましたけどね。

そうしたときに、建築やアートの抽象性や再現性について考えていて面白いと思ったのが写真だった。写真というのもテクノロジーによる再現技術ですよね。ウォーホルの時代が版画による再現だったとすると、今度は写真がアーティスティックな表現ツールになるわけです。もともとカメラはドキュメンタリーのためのツールだったので、35ミリサイズまで小型化されていきました。その一方で、8×10や12×16といった前時代の遺物のような大型カメラの世界も残っています。原点的な写真機が持っている機能の見直しもされているんですね。そこでは、ベッヒャー夫妻を代表とするドイツ系の写真家たちの仕事が面白い。あるいは、ミスラッチの巨大な写真。このアメリカの写真家もいいんですよ。サンフランシスコのギャラリーで、幅が約5mで高さが3mくらいの写真を見たんですが、ビーチを真上から撮った作品です。ビーチにいる人間から波頭までフォーカスが合っている奇妙な写真で、再現するという写真のプロセスがもたらす抽象性が感じられた。それは理念がなくても生まれる抽象性に、つまり辿り着くべき理念を想定していなくても自ずから表現が抽象へとシフトしてしまう技術があることに気づかされたわけです。

それで思ったのは、理念がなくても抽象性は指向できるということです。そこから私は、「モダニズムの偽装」に行くわけです。理念を想定して向かう抽象性とは、現代では基本的に胡散臭い話ですよね。例えば、神という抽象的／超越的な存在に向かっていく建築芸術は沢山ありましたが、それは今の21世紀では前時代的です。そうした抽象性への指向は、もう本気で信じられるものではない。ニーチェが「神の死」を言ってから100年以上経っていますし。そこで、「辿り着くところを想定しなくても、自ずから抽象になっていく表現手段としての建築」も、あり得るんじゃないかと考えたのが、「モダニズムを偽装する」の原点だったのです。今日は写真から説明しましたけど、それは、辿り着く先がないのに抽象的な指向って意味があるのかと考えていたときに、たまたま出会った写真に同時代感を持ったということです。そのあたりに自分のアイデンティティを置いて、90年代に至ったわけです。

アイデンティティの捻れ

――それは、表現するテーマ自体が個人に向いた、あるいはイコールになったということでしょうか。

岸――取りあえずは個人なのかもしれない。テーマ性が吹っ飛んでいても、なお強い表現ってありますからね。例えば、ある種の政治的・宗教的ポスターの持っている力は、そのポスターの作者が自分の表現として描いたわけではないけれども、何か超越的な抽象性があるわけですね。特定の主義や主張を強烈に信じているからこそ描ける。それらを持たない私たちは、取りあえず暫定的に自分の立ち位置を想定しておかなければ、という感じはしますね。

それと関連して面白いと思った話があります。あるときにシンガポールに住む華僑の自宅を訪ねました。高層マンションの部屋をミニマルに改造したお洒落な住まいなんですが、そこに彼は1970年代の文化大革命当時の毛沢東《1893-76》の胸像——大量生産された白い石膏製の彫像——を何個も並べているわけです。母国ではない東南アジアにいる中国人としてのアイデンティティを保ちながらも、シンガポールという超近代的な資本主義経済システムで動いている国で仕事をしている、と感じた。しかし彼が胸像を置いているのは、洒落たインテリアの一部としてでも、中国人としてのアイデンティティのためでもなかった。10個も並べているのですから、ここにアイロニーが込められていることは分かります。だけども自分は中国人だという複雑なアイデンティティの在り方が、超ミニマルなシンガポールの部屋に置かれた白い胸像から伝わってくる。これは捻れたアイデンティティなんです。経済は悪だとか簡単に言えるわけではない。私たちだって高層マンションの洒落た部屋に住みたいと思いますよね。それでも、失いたくないアイデンティティは確認したい。説明しにくいのですが、それは私も同じようなものなんです。

——ポップな感覚というわけでもないのですね。キャンベル・スープの缶が並んでる（ウォーホル）のとは違う。

岸　違うんですよ。「毛沢東」の像を「中国人」が並べているのですからね。アイロニーだけではなくて、愛憎半ばするとか屈折したとか……。シンガポールの華僑として持つ大きなアイデンティティは経済です。その彼が毛沢東の安物の彫像を並べているのは、なかなかシュールな風景ですよ。商売相手であるファッション関係の人が来ればインテリアの一部として見える。中国人の友人が来ると、像を見て笑いながら話ができる。私のような外国からの客は、そこに中国人のアイデンティティを感じるのかもしれません。実際には、現在の中国人にとって毛沢東は完全に距離を置きたい対象だと思います。しかし今は、ノスタルジーの対象でもあるんですね。文化大革命から長い時間を経て、場所もシンガポールという離れた場所にいる。遠いところまで来てしまった、という感じですよね。

——ある意味で、私たちの誰もが遠くまで来てしまっているのでしょうね。

価値基準の崩壊と混乱

岸　リーマン・ショック以降はよく分かりませんが、アートの世界にも妙な状況が見えていますよね。例えばニューヨーク近代美術館は、天井高が低すぎて現代美術館としては機能しないという話があります。現代美術の作品を展示しようとすると、天井高が一番ある最上階のギャラリーしか使えないということらしい。あるときに、写真家の杉本博司さんとニューヨークの現代美術を扱う有名なギャラリーに行きました。そこはもう体育館なんですね。ちょうど、サイ・トゥオンブリー[1928-]の個展をやっていたのですが、どの作品も四畳半から六畳くらいの大きさなんです。「こうした絵を買う人は、やはり巨大なリビング・ルームに住んでいるんですかね。新しく家を建てないと、置けませんね」と杉本さんに聞いたところ、「何を言っているんですか。今の現代芸術は、買ったら別の倉庫へ行くだけですよ、次に売るまで。作品は貨幣ですから」と返された。なるほど、絵を買って家に飾ろうなんていうロマンティックな時代ではなくて、株券みたいなものなんだ。そうした作品がミリオンの価値を持つには、サイズも必要なんですね。小さい作品では効率が悪いわけです。かなりショックでしたね。また、いつだったか、ニューヨークでリチャード・セラ[1939-]の彫刻が倒れて怪我人が出たことがありましたね。それを知って、アートが人を傷つけることに気づきました。アートや文化は決して安全なものではなかった。特にアメリカでは、アートに関する話題はハイブローでインテレクチャルな人たちがティータイムに交わすツールじゃないですか。そういう世界での事件でしたからね。

　私たちが考えている建築も同じような社会状況のなかにあるわけです。一方ではアフタヌーン・ティーでの話題にあがるようなハイ・アートとしての「作品」であり、一方では経済に巻き込まれ、さらに人を傷つけることもある「建造物」。

――やはりスーパー資本主義の時代の反映なんでしょうね。芸術の価値は、オークションの価格で決まる。やはり建築もそこに飲み込まれてきた、と。

岸――よく中国で仕事をしていて言われるのが、「外国人プレミアム」ということです。外国人建築家という付加価値が金を生むという意味です。つい先ごろ聞いた話によると、もう普通の外国人プレミアムではダメになってきて、今や「外国人マスター・プレミアム」なんだそうです。外国人というだけではなく、そこに「マスター」が付かないと価値が付かない。これは、価値をどこに見るかということで、先ほどの絵の話と同じですよね。まずは名前の大きさ。

――逆説的な意味を含め、商品価値に対する目が肥えてきた。今や外国人なら誰でもいいのではなく、より付加価値の高い「有名」建築家を求めてきた。確かに十数年前までは、日本の若い建築家も巨大規模の仕事に呼ばれていましたよね。今はもう次の段階に入ったということですか。

岸 面白かったのは、上海に事務所を構えてスタッフを置け、ただし建築家本人はあまり来るな、有り難みが下がるからと言われたんですよ。アートもそうだけど、建築も妙な具合になっているんですね。生臭い話ですよね。

もうひとつの問題

――90年代以降の大問題としては、そうした超越する経済に加えてコンピューターも重要なポイントですよね。先ほど、アイゼンマンは抽象を突き詰めたあげくに、カオスやフラクタルの世界に迷い込んでしまったという話がありましたね。それを加速させたのが、80年代半ばから90年代にかけて設計ツールに加わってきたコンピューターだった。今はさらに進化している。

岸――アイゼンマンは、コンピューターに行く前に近づいたのがジャック・デリダ《1930-2004》だった。このあたりまでは私もついていけました。しかし次に、コンピューターでなければ表現できない世界に入っていった。それはアルゴリズミック・デザインに繋がってくるわけですね。もちろんツールとしてのコンピューターは有効ですが、果たしてアルゴリズミック・デザインにどこまで未来があるかとは思いますね。まだまだ今のところは、T定規と三角定規に代わって手に入れたコンピューターによって、これまで見たことのない形態ができます、ということだと思うんですよ。というのは、例えばザハ・ハディド《1950-》の建築も、当然ながらコンピューターがないと図面化はできないデザインですよね。ですが私がザハの建築を見て思うのは、いい意味で古くさくて立派な建築だなという印象なのです。変な格好をしているけど、決してアヴァンギャルドな建築ではない。それなら、地上に建つかどうかも分からない彼女のデビュー作「香港ピーク」案［1983］のほうが、ずっとアヴァンギャルドですよ。三角定規で描けるけれども、アヴァンギャルドだった。逆に、最近のザハ作品はコンピューターが三角定規の機能を果たしているので、安心感のある立派な建築になっている。だから私などは、妙な親しみを持ってしまうわけですけどね。

　アルゴリズミック・デザインからは、建築の文法、シンタクティクス／セマンティクスから外れた何かが出てくるはずなんですよね。しかし今のところ、そういう世界を造ってくれてはいない。奇妙な形態のプロジェクトは出てくるけれども、実際に完成してみると旧来の建築的な枠組みのなかに落とし込まれてしまい、了解可能な変な格好をした建物にしか、私には見えない。アルゴリズミック・デザインというと、コロンビア大学にいた

1964-
グレッグ・リンに代表されると思うのですが、私が指導している学生たちも彼らの動きに興味津々なんですね。あるプログラムをインストールして、そこに設計条件を与えると、自動的に「新しい何か」が生成されると思っている。それが現実になれば本当のアルゴリズミック・デザインなのですが、実際には珍妙な形態が描かれるだけで終わっている。私たちが経過してきたルネサンス以降の数百年で定型化された建築的なロジックではない、見たこともない「何か」が出現してきたら面白いのですけどね。

――そこには、アルゴリズムに対峙する建築家の態度という根本的な問題がありますよね。新たな立ち位置というか、アイデンティティというか。

岸―― そうです。「アーキテクチャー」という概念そのものが拡大していますからね。そうなると、いずれ今の建築家はビルダーと呼ばれることになるのかもしれない。「アーキテクト」は、さらに高次（メタレベル）の思考を扱う職能になっていかなければ嘘なんですよ。私なんかはビルダーでいいんですけどね（笑）。居直って、数寄屋やったりして。また皆に怒られるかな。

第6講

日本における「日本」の受容

グロピウスを話題にした第2講で少し触れたフィリップ・ジョンソンの来日時のエピソードから本講はスタートする。ジョンソンが数寄屋をどう見たかということは、日本人建築家が「日本」を考えるという難題に結びついていくのではないか。

フィリップ・ジョンソンへの「大徳寺テスト」

岸――確か1991年だったと思いますが、フィリップ・ジョンソン《1906-2005》氏が「新建築住宅設計競技」の審査員として来日されました。そこで主催者である新建築社から、京都でのアテンドを頼まれたのです。たまたま中村義明（中村外二工務店）さんも磯崎新氏から同じような依頼を受けていました。そこで中村さんと一緒に、ジョンソン氏の京都滞在に付き合うことになったのです。

会う約束をしていた前日、たまたま開いていた私の個展の会場に、いきなりジョンソンさんが現れました。ギャラリーの前に黒塗りの車3台が横付けされ、そこから新建築社の吉田伸之さんやジョージ国広さんがおりてきて、「時間が空いたからジョンソンさんを連れてきた」と言うんですよ。明日からだと思っていたので、なんの心の準備もしていなかった。それが最初の出会いです。とりあえず展示してある私の仕事を見てもらい、記帳もしてもらったのです。若い建築家や建築学生もいましたから、大変な騒ぎでしたね。

翌日、中村さんと一緒に滞在するホテルを訪ねました。京都ですから、まずは桂離宮をアレンジしようと考えていました。でもいきなり、「グロピウスが誉めた建物など見たくない」と言われてしまった。そこで中村さんと私は、悪巧みを企てます。ものすごく生意気で不遜な投げ玉ですが、「ジョンソンさんは世界的に高名な建築家ではあるけれど、日本建築を見る目は持っているんだろうか、ちょっと試したろか」。そこで、桂離宮よりもディープな数寄屋空間を見せたらどうかと考えました。それが孤篷庵・忘筌と真珠庵・庭玉軒という、同じ大徳寺にある両極の茶室だったのです。[6.1]

忘筌は西欧近代的なロジックからも理解可能なデザインで、私たちからも説明しやすい日本建築です。例えば、浮いているスクリーンや少しずつセットバックしている縁側、舞台装置の背景のような縁のデザイン。また、西日のバウンスを受ける天井——これは砂摺天井といって普通はあまり使われない仕上げですが——といった機能的とも言える空間は、近代的な語り口で語ることもできるわけです。

一方の庭玉軒は、私にとっては孤篷庵で少し日本建築を知った後に、おずおずとその奥深さを知ることになるもう一方の極にあるような建築なのです。本当に小さな小間の茶室で、内庭からアプローチします。普通、日本建築で中間領域などを考える際には縁側的なものを発想します。空気環境的に見ると、縁側は外部ですよね。その内側にスクリーン＝障子があり、室内空間と隔てている。つまり外部寄りの中間領域です。ところがロジカルに見ると、庭玉軒の内庭は内部なのです。ただし、デザインや設えは外部であるという、縁側のまるで逆の中間領域です。しかもそのスケールは極端に小さく、ミニチュア化されたようにも見える凝縮された空間。そこを抜けていくと小間の茶室があ

6.1
大徳寺：孤篷庵・忘筌、1793

るわけです。とてもセンシュアルな空間です。対する忘筌はロジカルな空間だと、私は感じています。

　そうした見学を終えての夕食時に、ジョンソンさんに聞いたのです。「ご覧になられた2つの茶室、孤篷庵と真珠庵のどちらが良かったですか？」。すると、「君たち、何を言っているのかい」。その見下したかのような一瞥の後、「それは真珠庵に決まっているだろう」、と。それを聞いて、中村さんと私は衝撃を受けました。やはりジョンソンは只者ではなく怖い人だった。ほとんど初めて見るに等しい日本建築において、私たち日本人としてもなかなか語り得ないような空間の資質が魅力だった真珠庵をズバリと評価した。こうした大徳寺でのジョンソンとの邂逅は、日本建築を空間体験として勉強し始めた頃の私にとって、とても面白い経験でした。その後も中村さんと一緒に来日建築家の京都視察をアテンドする機会が度々あるのですが、この「大徳寺テスト」を何回かやっています。

——桂離宮と言えば、ヴァルター・グロピウス《1883-1969》の評価だけではなくて、ブルーノ・タウト《1880-1938》も戦前に言及しています。桂はタウトによって「発見」された。これを言い換えれば、日本では見過ごされてきた建築を、タウトが現在進行中の近代建築理論を当てはめて評価したのだと思います。それは日本インターナショナル建築会のプロモーション戦略だったとも言われています。ところがジョンソンは、それとは別の方向から日本建築にアプローチしたということですね。

岸——大学院生として京都大学の歴史研究室（川上貢教授）にいた当時、桂離宮の昭和の大解体がありました。どういう巡り合わせか、私は桂離宮の古書院の内部で半日を過ごしたのですよ。本当に隅から隅までディテールを見ることができました。ブルーノ・タウト的な文脈における「いかもの＝キッチュ」の日光東照宮とは対極的な文脈にある建物として、よく桂離宮が取り上げられますね。けれども桂離宮で半日の時を過ごして、襖の召合わせのディテールなどを目にしていると、むちゃくちゃ濃厚なんですよ。水平・垂直の構成という世界だけでは済まされない。あまりに濃密すぎて居たたまれなくなるほどです。それは東照宮の装飾と違わないように感じた。まぁ、同じ人が関わっているわけですしね。孤篷庵も真珠庵も見たままの空間として理解していいのかどうかは分からないぞ、と思い至ることができたのも、この桂離宮での体験があったからこそなのです。石元泰博さんの写真やタウトの文章が一般的な桂のイメージなんですね。でも少し違うだろう……半日過ごしてみての実感です。どこに建築的真実があるかなど分からない。いずれも、ひとつの建築を見たその誰かの持っている切り口による一断面でしかありえない。ひとつの建築にどれほど異なる切り口があるのかなど分かり得ない。それを身をもって教えてくれたのが、桂離宮、特にその内部でした。このあたりから、だんだん私自身は日本建築に入っていったのです。[6.2]

6.2 桂離宮、1615-1663

京都を引き受ける

よくそこから、西欧のモダニズムと折り合いを付けられましたね。

付いてないですよ（笑）。

岸――私がフリーの建築家として自立したのは1981年です。それも東京ではなく、なぜか京都に事務所を開くことになった。そこで考えたのは、いかにして京都的な文脈から逃れるかでした。40歳を過ぎるまで、必死になって京都から距離を置いていました。京都を自らの問題として学ばなくてはいけないと思ったのは、90年代の初めにスペインで作品集が出版されたあたりからです。それまでミース的だと言われたりしていた私の鉄骨造の作品などが、ここでは同時に日本的だ、とも評されたのです。考えてもみなかった。その頃から、自分は建築家として京都を自分の居場所としているのだから、その場所をもう少し意識して引き受けることがあってもよいのではないかと思い始めるわけですね。なんらかの縁で京都に事務所を開いたわけだし、今さら東京に戻るわけにもいかない。しかも、自分の建築がヨーロッパ人には日本的な建築に見えるのであれば、引き受けざるを得ないかなという感じですね。

ジョンソンの来日からしばらくして、中村義明さんを通じて紫野和久傳［1995］のお話をいただきました。オーナーは大徳寺真珠庵。そこに和久傳がテナントとして入る建物です。敷地は20坪ほど。中村さん曰く、「ウチは、軒の無い建築はできへんねん。アンタできるやろ」と（笑）。実際に、20坪の土地で軒のある建物を造ったら空間が残らないですからね。そこで私は「できます。逆に、軒のある建築は作ったことがありませんし……」。そのチームが、オーナー／大徳寺真珠庵、テナント／和久傳、総括と施工／中村工務店、そこに挟まれて私が設計するというものでした。ちょうど京都で建築家をやる覚悟を決め

たころでしたので、これは天から与えられた仕事だと思って引き受けました。[6.3]

　ですから、設計の仕事のなかで正面きって日本的な文脈を引き受けようと決心した最初の仕事が、紫野和久傳なのです。そのあたりから意識的に、日本建築/伝統建築を見るときには教科書を開くよりも実際の空間に身を置こうと考えました。歴史書を紐解いて研究するのではなく、歴史家ではない建築家としての切り口で日本建築を考えていこうとしたわけです。誤解に満ちた理解になるかもしれないけれど、それでも建築家として伝統に迫ろうと。そうしてチャンスがあれば伝統建築に足を運ぶようになりました。

6.3
岸和郎:紫野和久傳、1995

次に転機を与えてくれた建築が西本願寺でした。西本願寺の対面所という書院建築です。これは日本建築にはめずらしく、列柱のあるシンメトリーな空間です。ところが、書院の空間なので付書院があります。これは片側だけに付きますから、左右の対称性や軸線が乱れてきます。開口のパターンも違ってくる。それが非常に面白かった。その頃から、どうも数寄屋は私の性分ではないなと思うようになってきたのです。というのも、茶室とは非常に機能主義的な空間だなと感じるようになってきていたからです。すべて茶室のデザインは所作で決まりますね。ここでこの所作を行うから、こうしたデザインになる。それはつまり、機能主義建築でしょう。亭主と客の所作という決められたファンクションに対応する建築。これを近代建築と呼んでいいかどうかは分かりませんが、ファンクショナリズムの建築には違いないと思えるのです。[6.4]

そう考えたときに、東三条殿の平面図を見ながら——正確な遺構が残っていないので、厳密ではないかもしれませんが——、寝殿造りは無限定空間であり、どこか均質空間の概念に近いのではないかと思ったわけです。書院空間に私が親しみを感じたのは、そうした無限定空間から変化が始まったヴァリエーションが書院だということではないかと勝手に考え始めたからです。そこに上段の間が設えられたり、付書院を加えるということで空間の質が変化し始める。そうして差別化されていく空間は、数寄屋のように完全に所作=機能に対応しているわけではない。つまり書院の空間では、茶会にも接客にもユニバーサルに対応できる。これは均質空間が機能空間へと遷移していく中間の様態に見えた。そこから書院が自分の好きな空間なのだと思い至ったわけです。書院造り

6.4 西本願寺対面所、1632

にはシンメトリーの軸が通ります。しかし同時に左右を崩していく。そうした秩序感覚がないと、どうも私は受け入れられない。完全に機能主義的だったり、あるいは主観的に設えられた数寄屋は辛いんですね。

先ほどの「大徳寺テスト」で逆に私が問われたら、「真珠庵がすごい」と答えるでしょう。ですが、「好きなのは孤篷庵」と言うかもしれない。孤篷庵は書院の茶室と呼ばれていますが、こうした太い骨格を持つ建築に変形所作を加えていくプロセスが見えるから、私は好きなのでしょうね。建築史的にどうかはともかく、対面所は私自身が考える書院的空間、すなわちユニバーサル・スペースからファンクショナリズムへと遷移していく中間的な領域の空間だと思っています。そこに気づくまでは、漠然と「対面所ってすごい、でも飛雲閣までいくと崩れすぎだよな」などと思っていた。ただし、対面所の変形された空間は何となく了解可能なのですが、その裏の白書院には距離感を感じた。さらに奥の黒書院はどうなのか。このあたりは今も自分自身の答えが見つからない部分なのです。とりあえずは対面所と飛雲閣については理解できるようになった気がする。もちろん自分勝手な理解ですが。[6.5]

私には京都の建築家というアドバンテージがあります。歩いて行ける場所に本物があるし、非公開な建物に入れるルートもあったりする。ですから机上の勉強よりは、とりあえず訪れて門戸を叩いてみて、何を感じ何を考えるかを大切にしようと思っています。それは私自身がヨーロッパの建築と出会ったのと同じ方法です。ルネサンスへの興味や親近感は本で得られますが、その先は実際に行ってみないと分からない。だからフィレ

6.5-1 西本願寺飛雲閣、1587 (est.)
6.5-2 同、内部

ンツェに行ってみる。しかし実際に出会う個別の空間に何を思うかは個人に属する問題です。「建築テスト」を建築家である自分に課すわけです。それは古典建築に限らず、近代建築／現代建築でも同じことです。

――それでも、過去と現在という時間的なバランスを保持するのは難しいですよね。

岸――例えば東京を考えると、ここは現在しかない都市です。その微分的な切り口をいかに提案していくかが、東京の建築家が行っている仕事なんだろうと思います。それでも東京は400年以上の歴史があるわけですから、歴史都市でもあるのですよね。ただし、京都とは歴史のフェーズの見え方が違っている。とはいえ、歴史都市・東京をバックグラウンドとした現代の建築家という立ち位置もどこかにあるとは思いますけどね。私自身は京都で精一杯なので、いいですけど……（笑）。

――岸さんの場合、東京は江戸なんですか？

岸――江戸でしょうね。そういう意味では、東京国際空港国際線旅客ターミナルの商業ゾーンの設計［2011］では江戸を背負わされました。あれは皮肉な話で、中村義明さんと私という京都チームが、江戸の町を作るのに動いたわけですよ。仕事としてはとても面白かった。空港というインターナショナルな場所で無国籍な場所にものを作るわけですから。チェックインしてしまうと、どこの国にも属さない場所になる。ビートルズじゃないけど、まさに「Nowhere」です。その中間領域に江戸の町を再現する。シーザー・ペリ《1926-》のインターナショナルな空間を引き受けて、どこか日本の雰囲気を持った空間として連続させていく。そこを抜けていくと中村さんの江戸の町が出現する。私は繋ぎの役でよかった（笑）。江戸を真っ正面から受けたら大変だもの。[6.6]

6.6-1 ペリ：東京国際空港ターミナル、2011

6.6-2 岸和郎：東京国際空港ターミナル 商業ゾーン、2011

6.6-3 同、江戸の町並み

――怖いといえば怖いですよね、立ち位置としては。日本の建築家の多くは、西洋建築史の延長上に自分を置いているわけですからね。

岸――そうですね。2004年にニューヨークのジャパン・ソサイエティで「現代日本建築における技術と伝統」というシンポジウムがありました。日本からは数人の建築家と建築史家が招待されました。私は京都のプロジェクトを見せながら、なぜ西洋建築から自分が建築を始めたかを説明した。そこで話を簡単にするために、「私たち現代の日本の建築家は、日本建築については体系的な教育をうけていない、西洋建築しか勉強していない。授業はあるけど」と言ってしまった。そうしたら、最前列にいらした鈴木博之さんと藤森照信さんに「おい!!」……、と(笑)。

それでもやはり、エジプトや古代ギリシア・ローマから始まる西洋建築史にウエイトを置いた教育を受けているのには間違いないと思います。今の私でも、安土桃山とルネサンスとでは、ルネサンスのほうが理解できる気がする。安土桃山と言われても、その文化の総体が見えてこないわけです。ルネサンスからは、音楽、絵画、建築といった総体が何となくでも浮かんでくるのですけどね。でもこれは私自身の問題かもしれません。

――やはり着物に刀を差して歩いているイメージが私にもありますよ。現代人の姿形から考えても、ルネサンスのほうがまだ今に近い感じがある。でも確かに、日本建築史の授業はあったとしても、明治と江戸の断絶や連関について、どう考えたらいいかなど教わった記憶がありません。

岸――まず第一に、なぜ明治初期の洋風建築を近代建築と呼ぶのかが分からない。リバイバル様式が近代建築と呼ばれるのは変ですよね。そのあたりから、スタイルブックを教わっているだけではないかという疑問を持ったのです。ルネサンスという時代の到来によって社会構造が変わる。それに従い、建築の理念も変化し、その形態を変える。明治の赤煉瓦を近代建築と呼ぶこと、近代とはそんなに簡単な社会像なのかと思ってしまう。今でも抵抗がありますね。同じように、明治以降の近代和風という呼び名も何か釈然としない。私のなかには社会構造の変化とパラレルに、建築の理念と形式にも変化してほしいという願望があるのかもしれません。私が古くさいのかもしれませんけどね。

皮膚感覚の喪失

――面白いもので、明治・大正に日本を訪れた外国人は、古い日本の建築（桂離宮を代表格とする）にモダニズムのアナロジーを見たわけですよね。そうした単純な構成上のアナロジーは何の意味もないと私は思っているのですが、ただ逆に、例えば先ほど話された桂の濃密さみたいなものをモダニズム的な建築のなかにどう見い出していくのかは、重要な問題だと思うのですけどね。

それでも、最近の学生さんたちは違った意味でのアナロジー／レファレンス信奉者なんですよね。編集者として売れている本をチェックしていると、国内の卒業設計本やＡＡスクールのディプロマ集だったりする。それらを実際に見てもアーキテクトの精神性が詰まっているとは思えない。おそらくはスタイルやフォルムのアナロジーだけに建築的な関心が向かっているように思えるのです。少なくとも昔の学生がル・コルビュジエ(1887-1965)をコピーして卒業設計を作っていた頃は、建築家ル・コルビュジエを理解しようと必死だったと思うのです。レム・コールハース(1944-)を参照した時代でも、理解できないながらも一生懸命に考えていたように思う。でも前年度の学生の卒計から何を考えるのかは、私にとっては疑問なんですよ。最後までAがほしいのかな?

岸――そうなんですね。どこの大学でも今は同じだと思いますよ。まず卒業設計コンクールで全国ナンバー1になることを考える。10年後に自分が建築家として立ったときに、ポートフォリオの最初を飾る作品としてスタイルを選択しているのだとしたら、まだいい。ところが、どのスタイルをコピーすると卒計日本一になるかしか意識にないようです。そう感じるのです。卒業制作とは、設計や計画に関わっていく人生の展開において重要なステップなのですけどね。

――広く情報を集められるネット社会という影響もあるのでしょうか。体験からではなく、WEB上でアナロジーやレファレンスを捜す。実際に建築を海外に見に行く若い人が減っているという話も聞きます。画面からでは、先ほどから話している空間に潜む濃密さや気持ち悪さまでは分からない。大まかな形態とか、せいぜい明るいか暗いか止まりですよね。

岸――建築は皮膚感覚ですからね。二畳台目という極小のスケールで迫ってくる真珠庵・庭玉軒の圧倒的な皮膚感覚。それは絶対に画像からは伝わらない。

ところが、少し前に事務所で過去の作品を整理していたところ、1990年代の初め頃につくったCGが出てきました。これが力強いんですよ。表現のレベルが低くて、ちっともリアルじゃない。3日間レンダリングしてもパースが1枚といった能力なので、まずは猛烈にプロジェクトに集中するんですね。だからこそ、当時の稚拙なCGが今でも新鮮に力強く見えるのだと思います。木にしても、一種類しかない二次元の絵柄を貼り付けただけなのですが、何をやりたかったかがクリアに伝わってくる。そんな稚拙なCGの時代は、今の事務所のスタッフは知らないわけですが、彼らにも格好よく映ったようです。つまり、道具が高度になったゆえに失ってきたものがある。プロジェクトで最も重要な骨格が見えにくくなってきた。先ほどの皮膚感覚といい、もう、どちらも見えなくなってきている気がします。

——当時の稚拙で遅いコンピューターは、まだ手の痕跡や肉体感覚が詰められていたわけですね。どこまでヴァーチャルなリアルを求めればいいのだろうかという、単純な疑問に突き当たりつつあるようです。本物の存在意義とかも含めて。

岸——一方で、アルゴリズミック・デザインの可能性という話もあります。同じようにコンピューターを使うのであれば、まだ射程距離を延ばせるかもしれない。ヴィジュアルのスキルだけでは限界がありますからね。

――皮膚感覚や骨格が崩れていくと何が残ると思われますか。

岸　妙な視覚感覚だけが残るのでしょうね。皮膚感覚も骨格もなく、見てるときだけ心地いいという視覚的快楽。それが時代そのものなのかもしれません。ただ目に心地いい風景だけが残ってくる。

――つまり建築はパソコンのなかにのみ存在する。すごい逆説的な矛盾ですね。

岸　中国では現実的に竣工写真を完璧にいじります。施工的な問題があっても、竣工写真を加工することでＯＫとする。もう何がリアルで、何がフェイクか分からない。そういう視覚感覚だけを楽しむＬＣＤスクリーンのなかの世界。

――でも、人間社会の不可逆性を考えると、20年前のコンピューターには絶対に戻れませんよね。

岸　スケッチアップという手軽にＣＧやムービーを作れる無料ソフトがあります。これは完成度の高いリアルなＣＧの対極版です。いわば打ち合わせ用ツールなんです。３Ｄの静止画像ならリアルタイムで見れる。私の事務所でも、骨格だけの建物に入っていくようなプリミティブなムービーを作ったんですよ。そうしたら、クライアントに「なんて分かりやすいんだ」と喜ばれました。模型より何より分かりやすい、と。

――名前どおり、肉筆スケッチに近いものがあるのかもしれませんね。その場で描いていくような。

岸　本当にラフな感じ。おそらくは戻りの意識なんでしょうね。実際に戻っているわけではないけど、CGが最初に出てきた頃に感じた原点に近い。きれいで高度なCGは外注すればいいんですよね。自分たちが必要なのはラフな骨格だけが分かるものでいいや、そういう気になってきました。

――これまた別の意味ですごい進化ですよね。歴史建築からコンピューターに至る皮膚感覚の変移、いずれも私たちの立ち位置が微妙なところにあることを感じさせます。

文化の持続性について

岸　2012年3月に開催される上海での建築フェアで基調講演を頼まれました。与えられたテーマは「カルチュラル・サステイナビリティ」。技術的な意味でのサステイナビリティは世界中に溢れていますが、それを文化的なフェーズとして捉えようとするものです。それが中国から出てきたのは、時代の流れを感じさせます。今の上海でも、サステイナブル・アーキテクチャーが重要なファクターなのです。そこにさらにカルチャーを加えるということで、私なりに考えてみました。

例えば京都の町は長安のコピーとして残っている。四天王寺や法隆寺といった中国では失われた古い形式の寺院も、日本には残されている。東大寺・正倉院——日本そのものとも言える——には中国や西域から来た文物が保管されている。こうしてみると、西から来た文化が日本でアーカイヴ化されてきたように思えます。仏教、特に禅宗などもそうですよね。中国発のカルチャーが日本に伝わってきて、原型あるいは修正型として残されていく。他国から文化を輸入するために、２００年に渡って人を派遣し続けた遣隋使・遣唐使というシステムは日本独自のものだそうです。そうした文化のアーカイヴとしての日本という立場から考えた建築/文化の話を上海でしようと思っています。

そう考えると、バリ島のダンスを思い出すのです。マレー半島には伝統的な舞踏が数多くありますが、何か見ていて退屈なんですね。その同じようなダンスをバリ島で見るとすっきりする。それはバリ島のダンスには起承転結があるからだと思う。起承転結というのは近代のロジックですよね。もともとは神に捧げる儀式・祝祭なのでしょうが、その踊りで伝える神話的なストーリーに、近代的ロジックである起承転結を持ってくる。これは20世紀の初めに、オランダ人がバリ島の舞踏を変質させたらしいのですが、それで圧倒的に分かりやすくなった。近代を通すことによって起承転結のあるものに上書きされ、アップデートされて新しいものに変わってきた。[**6.7**]

日本建築のことを思うと、いかに伝統的なものを引き受けるかというときに、このバリ島の舞踏のようなあり方がある。伝搬された文化を引き受けて保存するだけでは、中国のレプリカでしかない。そうではなくて、そこに何らかの近代的/20世紀的思考——バリ舞踏で言えば起承転結——を導入することによって、日本建築なるものを次

6.7 バリ島のダンス

のフェーズに持っていけるのではないかと思っています。つまり京都にいる私に可能なことは、バリ島で踊りを近代化させたオランダ人みたいな仕事を、日本の伝統建築の総体に対してできるといいなと思っているのです。それこそが、中国発で日本に来た文化の総体——サステインしていく文化の総体——に対して、ひとつの新しいフェーズを付け加えることなのかなと思う。

日本ではカルチュラル・サステイナビリティという概念はまだありませんよね。上海の進みかたに驚くと同時に、それは日本で私たちが抱えなくてはならないテーマではないかと思った。繰り返しになりますが、バリ島で舞踏を近代化したオランダ人のようになりたい(笑)。

第7講

「3mの良心」を持つこと

タブーだったファシズム

岸——私が建築に関する雑誌や本を読み始めた1970年代の初めは、日本の帝冠様式はもとより、イタリアやドイツのファシズム期に関する建築が扱われることは皆無だったように思います。もちろん建築史においては、過去の事実が生々しい間は——特に関係者が生存している場合は——触れないという不文律が存在するわけですが、それでも何ともはやと思っていた頃でした。そうしたタブーが破られたと感じたのは、1970年代中頃にブルーノ・ゼーヴィ[1918-2000]が序文を寄せたジュゼッペ・テラーニ[1904-43]の作品集と出会ったことでした［『Ommagio a Terragni』、1968］。イタリア語なので読めないのですが、丸ごとコピーして学生の仲間で回し読みした記憶があります。教科書にも出てこない、ムッソリーニの時代の建築家に、この本で初めて出会ったわけです。続いて1980年代に入ると、グルッポ7《セッテ》（1926年に設立）をはじめとするムッソリーニ傘下にあったラショナリストたちが評価されてきた。面白いのは、同時にイタリアの現代建築家として評価されていたのが、アルド・ロッシ[1931-97]のような左翼寄りの人たちだったのですね。ファシズム期の建築家と共産主義の建築家。すごい状況だなと思っていました。［**7.1, 7.2**］

その数年後にはアルベルト・シュペーア[1905-81]の作品集が出版されました［『Arbert Speer: Architecture 1932-1942』、1985］。そのなかで最も印象的だったのは、仕事が終わったあとの地下執務室で、巨大な模型を前にヒトラーと一緒に新しいベルリンの構想を立てている写真でした。そのときに本能的に思ったのは、単純に美学やデザインだけで建築は語れないのではないかということでした。特に私たちは70年安保の時代に学生でしたから、政治性に無関心ではいられなかった世代です。無関心でいるという立場をとることはできるけれど、そのときにはそうあるための意図／意思が必要だった。無意識的に無関心であることは許されなかった。そうした時代背景のなかで、ファシズム期の建築作品が目の前に現れたわけですね。〔**7.3**〕

それを身近な京都というコンテクストから言うと、帝冠様式の京都市美術館

7.1
テラーニ：カサ・デル・ファッショ、1936

7.2-1
ロッシ：ガララテーゼの集合住宅、1973
7.2-2
同、コロネード

7.3
シュペーア：ツェッペリンフェルト、1934

（前田健二郎 1892-1975）は一般的には否定すべき建物だった。その頃に私が教えていた京都芸術短期大学では、毎年そこで展覧会を行っていました。確かに九段にある軍人会館よりはデザインのレベルは劣ると思いますが、あらためて見てみると、それほど酷い建物だろうかという気がしてきたのですよ。そうした80年代の記憶もあります。［7.4］

そうしたファシズム期の建築には、作家性以外にも興味深い見方があります。ムッソリーニの時代ですが、青少年たちを海の近くに集めて何ヶ月か教育するプログラムがあって、そのための教育施設が造られました。特に有名な建築家の作品ではないのですが、これがなかなか面白い。イタリア各地に建設された「人民の家」（カサ・デル・ポポロ）と同じように、ある種の文化プロパガンダとしてモダン・アーキテクチャーが使われていた。ヒトラーはモダニズム嫌いですから、ドイツの場合は少し様子が違うわけです。そうしたことが見えてくると、建築家とは「格好がいいから、このデザインにしよう」などという気分でいられるような職能ではないことに、ようやく気づき始めたのですね。

イタリアの建築史家で『CASABELLA』誌の編集長であるフランチェスコ・ダルコ（1945-）氏が2012年に来日された際に、雑談のなかでファシズムについて話を振ってみました。そのときの返答は確か、「建築の美学的な立場での評価と、それが政治的にどう利用されるかは別のことだ」という比較的オーセンティックな捉え方だったように記憶しています。

――私も同席していて記憶に残っているのは、「ダブルミーニング」という言葉で、建築の持つ両義性について話されていたと理解しています。

7.4
前田健二郎：京都市美術館、1933

岸——美学的な切り口と社会的な切り口の両方があるということですよね。そこには、もう少し突っ込みたい問題があるんです。

80年代の中頃から考えてきていることなのですが、例えばギリシア建築を学んでいると、「ドリス式オーダー」とか「イオニア式オーダー」という様式を表す言葉が出てきますね。それは単なる装飾的な様式だとして習いました。ただ、なぜ「イオニア式装飾」ではなく「イオニア式オーダー」と呼ぶのかなと漠然と思っていた。それでも、あるときふと、これは文字通り「オーダー」なんだと気づいた。要するに、建築なるものは、ある世界の秩序《オーダー》感を表明しているということです。イオニア的世界を実現した形態としてイオニックな建物がある。つまり柱に付けられたデコレーションをオーダーと呼ぶのは、そこに建つ建築そのものが、ひとつの社会秩序——あるいは理念の秩序——の表現としてあるからなのだ、と思い至った。そもそも建築とは、ある世界観の表明としてあるのではないか。建築はそれが成立した時点から、ある理念なり秩序なりの表現様態として産まれてしまったのではないか。そう気づかされたのです。

こうして考えると、ダルコさんの言うように社会性と美学を分けることには疑問が残るのです。例えば、ナチスには、宣伝マンのゲッペルスや映像作家のレニ・リーフェンシュタールがいますね。絵や彫刻などの美術もそうですが、ナチスは今で言う広告代理店機能のプロパガンダ的側面を非常にうまく使っているわけです。建築もプロモーションの一つのツールとして利用されただけだと、評価を逃げてしまってもいいのです。でも、もともと建築は理念の秩序体系を表現するツールだったとしたら、つまり本質的な使命としてそれを抱え込んでしまっているものだとするならば、映画や絵や彫刻とは決定的に違うものではないかと思うのです。映画であれば監督や俳優の名で、絵画であれば画家の名で、個人的な主観の表現として評することができるわけです。もちろん「イコノロジー」という視点もあるので、単純に絵画や彫刻を個的表現だと言い切ることはできないのでしょうが、まだ建築よりもエクスキューズが存在するような気がしてしまう。

　ともあれ戦前のファシズムでは、社会体制を変革するためにメディアが利用されたという事実があるわけです。そのことを考えるべきだという気がしてなりません。

7.5
ポートマン：ハイアット・リージェンシー・ホテル、サンフランシスコ、1973

ヒトラーという発注者

岸　ミケランジェロ《1475-1564》はユリウス2世に招かれてサン・ピエトロ大聖堂に赴きますね。レオナルド・ダ・ヴィンチ《1452-1519》はフランスのフランソワ1世のもとを訪れ、シャンボール城の建設に携わったと言われている。そこには、バチカンやフランス国王などとの仕事はOKで、なぜヒトラーとの仕事を語る言葉は無いのかという問題が残ります。それは建築——ダ・ヴィンチだと絵画もそうなのでしょうが——つまり芸術なるものが基本的に抱えている問題なのかもしれません。別の見方をすると、例えばジョン・ポートマン《1924-》は新しいアトリウム型のホテルを1970年前後から提案しています（「ハイアット・リージェンシー・ホテル」、アトランタ［1967］、サンフランシスコ［1973］など）。それがワールド・スタンダードになっていった。つまり新しいホテルを求めていた商業資本とポートマンとの関係が成立したということです。ポートマンは自分で企画・開発し、設計まで手掛けるディベロッパー・アーキテクトという立場です。ここでも、現代を代表する商業資本との協働関係はOKで、ナチスとの協働関係はダメなのかという話になる。結局は同じことなのではないか。それをダブルミーニングと言い切ってしまえれば気は楽なのですが、そう簡単にはいかないような気がする。[7.5]

結論の出ない話で辛いところもありますが、例えばミケランジェロでもダ・ヴィンチでもジョン・ポートマンでもなく、私自身が建築家として、そうした場に身を置くことになったときにいかに考えるか。そのときに私が拠り所にしている逸話を紹介しておきます。あるプロジェクトでヒトラーが100mの長さのファサードを作ると言った。するとパウル・トロースト 1878-1934 は、「いや、総統、97mがいいですよ」。そこに現れたアルベルト・シュペーアは、「いや200mがいい!」と言った。そこからトローストは退けられて、シュペーアがヒトラーに重用されていく。建築家として100mよりも200mがいいと主張する気持ちは十分に理解できます。しかし私は、トローストに共感を覚えるわけです。彼は設計を断ったわけではなく、3m縮めようと言っただけです。この3mが建築家の良心なのだと思うのです。これは、美学的な意味と政治的な意味は別々にある――ダブルミーニング――のではなく、乖離できない状態にある。しかし少なくとも3mはずれている、と理解できます。ほんの3mだけでも意図的にずらせることが、建築家の意思と良心であり、立ち位置なのではないかと思うのです。命をかけてヒトラーの仕事を断るのは格好いいけれど、本当に100mのファサードを作るという仕事がきたら魂を売ってでもやりたいと思うのも建築家だろうと思うので、この3mの良心という話には非常に共感します。[7.6]

7.6-1
トロースト：ドイツ美術館、1937
7.6-2
同、内部

建築は背景に政治性を持たざるを得ない。これはケルン大聖堂でも感じました。語弊はあるでしょうが、これは野蛮なゲルマン民族から集金する装置だな、と思った。ゴシック教会の内部では、人工の森にバラ窓から光が降り注ぎ、この世ならぬ世界が存在している。そこでは寄付金が求められ、バチカンに集金されるように動いている。もちろん建築として感動的であるのですが、それと同時にゴシック教会はゲルマン民族に対するバチカンの集金装置という意味合いを持っている。同じようなことは、コルドバのメスキータ（聖マリア大聖堂）でも思いました。もともとは水平に架構の伸びる非常に美しいモスクです。そのイスラム的空間には、キリスト教会によって田舎臭い乱暴なゴシック様式が突っ込まれてしまった。それなりに石工／建築家たちも考えたのでしょうが、この政治的な権力はあまりに野蛮すぎると思った。どう見てもイスラム文化のほうが高度なんですよ。レコンキスタという大きな力なんですね。これを見ても、建築とは美学的な側面だけでは語り得ないことを感じます。［**7.7**］

逆に身近なレベルだと、いい話も聞かれるわけです。例えば昔、私は熊本アートポリスで、観光客が減った温泉街を再興する一環として、赤い太鼓橋を架け替える計画を依頼されました。予算は1億円でしたが、その橋が架かると面白いように人の流れが変わり、住民のコミュニティ意識が高まったのです。そこで橋をゴールにして、手作りの船のレースが開催されました。するとレースがしやすいように上流のダムからの放流を調整してくれたのです。橋の建造時には「河川断面が欠損するからダメ」と反対していた国がですよ。小さな橋一本をきっかけに社会が変わり始める。だけど、さらに大きいレベル

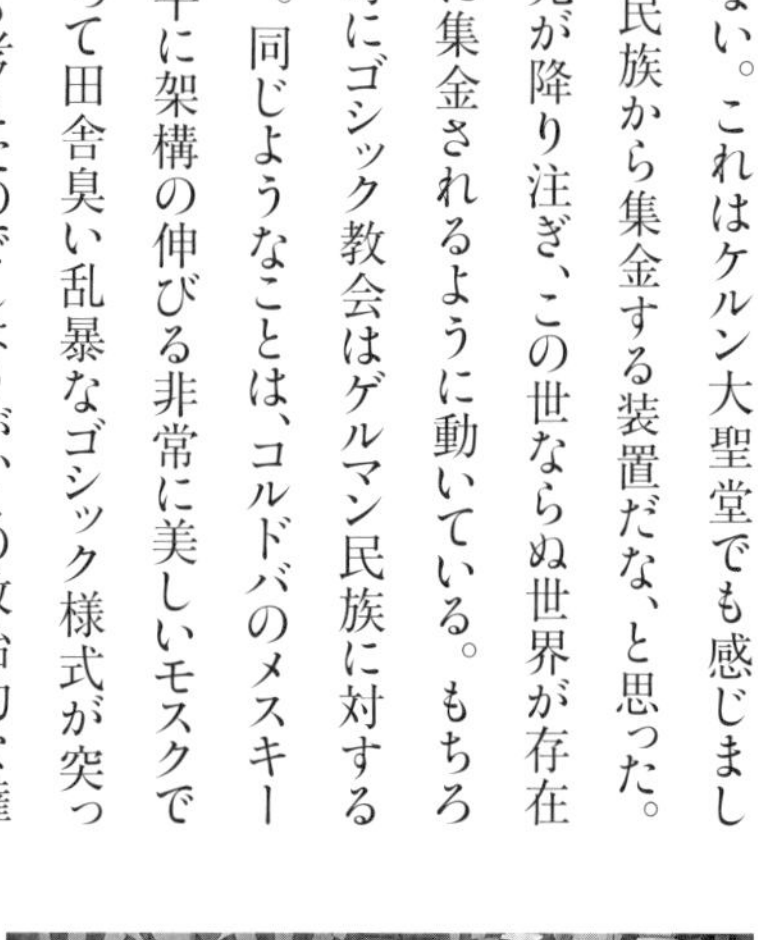

7.7 メスキータ（聖マリア大聖堂）、785

になると話は変わってきます。つまり先ほど話した絵画や映像以上に、もともと建築は、生来そういう政治性を兼ね備えているのだと思います。それに気づかせてくれたのが、ファシズム期のイタリアや第三帝国の建築だったということですね。[7.8]

——これは建築家という職能の起源や限界というだけでは片づけられない難しい問題ですね。建築家と発注者の関係が大きい。

岸　近代が成立する以前は、建築を注文するのはクライアントではなくてパトロンでした。このパトロネージの社会では、あるひとつの建物の設計を依頼されるわけではなく、生涯もしくは一定期間、全面的に生活に関与してくるわけです。そこには当然ながら上下関係が発生します。ところが近代になって、仕事の発注者と受注者という関係になると、市民としての立場はイコール＝対等になります。このプロジェクトのデザインに対して、当該の金額を支払います。その後、あなたが倒産しようが関係ありません、と。そうしてみると、シュペーアとヒトラーとは、前近代的なパトロネージと建築家の関係だったのかもしれない。だからシュペーアは幸せだったとかいうと、またこれも危険な話題ですけどね（笑）。

それでも、クライアントやパトロンに依頼されるのではなく、社会性とは無縁の個人の思いを結実させた建物が最終的に力を持つことも、例外的にはあるのです。20世紀の建築では、郵便配達夫シュバルの理想宮とかワッツ・タワー。ダンボール・ハウスもその

7.8-1
岸和郎：湯の香橋、1991
7.8-2
同、デッキ

［第7講］「3mの良心」を持つこと

一種なんですね。つまらないデザインなど考えず、最低限の環境条件を整えようとした結果としてのダンボール・ハウスという建築の成立。しかし一般的には一個人の想いの発露としてだけで建築を作ることほど、難しいことはないと思うのです。これは絵や彫刻よりも建築が上位概念だからという意味ではありません。近代の建築の成立はその社会形態、市民社会を前提としたクライアント／建築家という契約関係を前提とするからです。私は個人の発露として建築を作る道は残念ながら選べなかった。クライアントとの仕事を選んだ。時に16世紀のフィレンツェに生まれたら……、とパトロンと仕事をすることも夢想しますよ（笑）。でも悲しいかな私のビジュアル・イメージは貧しくて、そうしたときに出てくるのは、映画の『華麗なる激情』［1965］だったりする。チャールトン・ヘストン扮するミケランジェロとレックス・ハリスンのユリウス２世が天井画を描くとか描かないとかの話。まあ、全生涯でなくても10年だけでも生活の面倒を見てもらえるのはどうだろうとか……（笑）。まあ、お前は御座敷建築家か、とのそしりを免れ得ないですね。

混沌期から見えてきたもの

——先ほどのシュペーアとヒトラーとの関係に話を続けると、同じ頃のル・コルビュジエ《1887-1965》はスターリンやムッソリーニに近づこうとしていますよね。バウハウスは閉鎖されて、ミース《1886-1969》はアメリカに向かう。まさに建築が政治状況と不可分だった。こうした混沌の時代に、モダニズムは揺れていた。

岸――ファシズムとモダニズムには時間差があるんですね。いわゆる理念的モダニズムは１９１０年代に成立した理念だと思います。早くも次の年代の終わりには変質していった。ワイゼンホーフ・ジードルンクが１９２７年ですよね。そこには連続住宅もあるし、中層住宅や個別住宅もあるという提案ですから、これは差別化の時代だとも言えます。簡単に言ってしまえば、ポスト・モダン的状況が始まっていた。私の理解ですが、近代という市民社会の成立によって「貴族の息子も肉屋の息子も平等だ」という世界観が生まれたものの、結局は社会構造は変わらないことが１９２０年代の終わり頃には分かってしまったのだと思います。もうひとつの変質は、美学的な側面にあります。ニューヨーク近代美術館の「近代建築：国際展覧会」（インターナショナル展）。建築がスタイルとして総括され、社会構造と縁が切れた。ヨーロッパから脱出してきた人たちの国であるアメリカで、「君たちの言ってきた理想的なことって、結局はスタイルだよね」と、フィリップ・ジョンソン（1906-2005）、ヘンリー＝ラッセル・ヒッチコック（1903-87）、アルフレッド・バー（1902-81）の３人が言い切った。それが１９３２年のことです。ここにポスト・モダニズムが開始された、というのが私の持論です。つまり、市民社会の理念としての近代建築が崩れて、差別化（ディファレンシエーション）が始まり、ついにポスト・モダン化した。同じ頃に、ムッソリーニとヒトラーのファシズム政権が始まる。基本的には、誰もが平等だという近代社会の夢が破産したため、次なる期待としてのファシズムへと向かったのではないか。［**7.9**］

誰もが平等という世界は実現不可能だし、ある種のユートピア的な考えでもありますよね。それは破綻するに決まっている。しかし、束の間にせよそういう夢を見ることができたことは、後の世代の私たちからすると羨ましくも思えますね。

ところで、その時代にヒトラーが考えたことは、じつは今の社会の問題に近接してくる部分が多いように思うんです。ヒトラーは世界首都「ゲルマニア」の構想を立て、ベルリンを新古典主義で埋め尽くす都市改造を計画しますね。その一方でナチスは、地方ではハイマートシュティル（郷土様式）を奨励していた。これはゲルマン人が生来的に持っている伝統的な建築様式を大切にしようとするものです。都市の新古典主義と田舎の伝統様式が表裏一体となっている。これは私が京都の景観保存の話で常に感じる違和感と同じことなんですね。京都でも妻籠でも、美しい景観を保存するのはいいことなのですが、何か引っかかっていた。それは、町並み保存という感性には危険なフェイズも含まれていて、別のかたちのゲルマニアに繋がる可能性があるのではないかということなのです。

――そのヒトラーは古典世界に傾倒しましたが、同時期のモダン・ムーブメントという観点からすると、ドイツ表現主義、イタリア未来派、ロシア構成主義、デ・スティルなど、ヨーロッパ各地では独自のデザイン展開がなされていたのですよね。

岸――あの頃に生まれていたら面白かったでしょうね。私はロシア構成主義が、近代主義の最良の部分だと思っています。ドイツ表現派やイタリア未来派とはベクトルの方向が違いますけれど、始原の建築が抱える原罪的なものからは距離を置いている、あるいは避けていると思います。言ってしまえば、未来派は自分の心に描いたストーリーを絵に

7.9-1 ル・コルビュジエ：ワイゼンホーフ・ジードルンク、1927

7.9-2 ミース：ワイゼンホーフ・ジードルンク、1927

7.9-3 アウト：ワイゼンホーフ・ジードルンク、1927

7.9-4 シャロウン：ワイゼンホーフ・ジードルンク、1927

するわけだし、表現派は自分の主観の内に帰っていくでしょう。ただ表現派でも、ベルリン大劇場を設計したハンス・ペルツィヒ（1869-1936）はとても面白い建築家だったのではないかと思います。このあたりは第5講でも話しましたが、ペルツィヒは表現派というスタイルを外したのではないか、個としての主観表現みたいな建築の姿を信じていなかったのではないかと思える。特にベルリン大劇場［1919］では。ドイツ表現派の理念を典型的に現しているのは、むしろルドルフ・シュタイナー（1861-1925）の第二ゲーテアヌム［1928］ではないか、と思っています。これは、レヴィ＝ストロース風に言うと「ブリコラージュ」、つまり素人仕事なのですが、表現派とは本来そうしたものだと思う。自分の主観的な世界を建築に投影する。ペルツィヒの建築観はそうではなくて、主観より高次のメタ・レベルにあるという感じがしますね。

――特にベルリン大劇場は、舞台セットのような現代に通じるフェイク感がありますね。

岸――煉瓦にモルタルを塗って仕上げたわけですからね。何年か前に、宮本隆司さんが撮影したベルリン大劇場の解体中の写真を見て好きになっちゃった［『新・建築の黙示録』平凡社、2003］。やはりペルツィヒは単純な表現派ではないな、と。

話は戻りますが、20世紀を考えるときに最も重要な役割を果たしたのは、ロシア構成主義だったのではないかと思いますね。最終的にはスターリンによる弾圧で消滅しますが、ヨーロッパ中に影響は拡散されて、デ・スティルやバウハウスへと転化したのではないか。10年代から20年代というモダニズムが夢だった時代のヨーロッパに散っていった。私的に言えば、コンポジション／構成するという、20世紀にとって最も重要な理念を建築的に視覚化したのが構成主義なのです。構成／コンポジションの何が面白いかと言うと、構築／コンストラクトとは似て非なる概念であるということにあります。そもそも建築とは「構築」するものなのですが、そうではなくて「構成」してしまった。これは圧倒的な概念です。つまり意味をずらしたわけです。

もうひとつ近代を考えるときに私がすごいと思っているのは、実はル・コルビュジエなんです。古典主義建築の特徴は、基壇（base）、胴部（body/shaft）、頂部（crown/top）という三部構成にあります。そこでル・コルビュジエの屋上庭園とは何だったのか。それをサヴォア邸で考えてみると、彼は彼自身で立てた理論を裏切っているんです。建築は3つのパーツで構成されるはずだったのに、コルビュジエの言う陸屋根は、屋根がフラットなだけではなくて、屋根を破棄する、つまり屋根を持たないということだった。すなわち、建築を三部構成ではなく二部構成に還元することだったのではないか。ル・コルビュジエはそう考えていたのではないかと、私は理解しているのです。そこでサヴォア邸を実際にスケッチしていくうちに、その立面を考えて思ったんじゃないかな、「二部構成では建築にならない」と。それでソラリウムの壁が付けられた。あれは頂部（＝クラウン）の変形とも言えるものなのですが、餅を引っ張ったような「間延び」した形態を与えている。さらに伸ばされた壁の中央には穴が開けられている。このサヴォア邸で面白いのは、ル・コルビュジエが建築における革命を――つまり、本来は三部構成のところを二部構成にするという――提案しながら、どうもこうも建築には見えないから三部構成にしてしまったと思えるところ

なのです、私にとっては。[7.10]

――何かが足りないと思ったんでしょうね。

岸 ええ。どう見ても足りませんよね。ピロティとヴォリューム本体だけでは建築にはならない。少なくともル・コルビュジエの建築は、ギリシア・ローマ由来の古典主義建築なのですからね。それでも、屋上庭園だと言い続けた。

ですから私にとっては、構成／コンポジションの概念によって建築における構築性を置き換えてしまったロシア構成主義と、ルーフを廃棄して屋上庭園にするというル・コルビュジエの概念が、20世紀建築の美学的側面における重大事件だったような気がします。特にファシズムの台頭やソ連の成立などの大きな時代の流れのなかで考えるとね。逆に言うと、ソ連の成立によってモダニズムは重要な理念を獲得したのかもしれないという気がします。

――ファシズムやソ連の成立などの大きな政治的な動きから建築を考えていくと、アルヴァロ・シザ(1933-)とかラファエル・モネオ(1937-)に代表されるポルトガルやスペインの建築家は、1970年代半ばまで身近にファシズムがあったのですよね。ポルトガルのカーネーション革命が1974年、フランコが死んだのが1975年のことです。欧米や日本で、近代の見直しやら異議申し立てが起こっていた1970年前後に、堂々と独裁政権をやっていたわけですね。つい忘れがちになるのですが、私たちの身のまわりでも知らな

7.10
ル・コルビュジエ：サヴォア邸、1931

いうちに何かが動いているのかもしれません。それは政治だけでなく、経済や環境におけるファシズム化の可能性も……。

岸――いずれにしろ、環境の問題、例えば地球温暖化やCO_2問題、それに原子力問題なんかはそんな雰囲気がありますね。「サステイナビリティ」や「グリーン・アーキテクチュア」なんていう耳あたりの良い言葉を聞くと、どうしても「ハイマートシュティル」のことを思い出しますよね。いつの時代も建築はそうした問題を抱えています。少なくとも私は、ヒトラーの「１００ｍ」案に対して「いや２００ｍで行きましょう！」とは言わないようにしたい。

私はその仕事は断ります、と言う度胸がないのであれば、トローストではありませんが、１００ｍや２００ｍは無理だけど、97ｍまではやりますというように、３ｍ分の良心を持って前に進むしかないのではないか。そう感じていますね。

第8講

「ケンゾー・タンゲ」という存在

丹下健三とケンゾー・タンゲ

岸　丹下健三《1913-2005》さんについて話そうと思った直接的なきっかけは、近ごろ出版された豊川斎赫氏の『群像としての丹下研究室――戦後日本建築・都市史のメインストリーム』［オーム社、2012］を読んだことにあります。

　私には昔から、丹下さんの仕事との距離の取り方に戸惑っているところがありました。私たちの世代は、70年代の中頃くらいから建築的な物心がついていくわけです。その当時は大阪万博以降という時代相になっていて、すでに丹下さんは一時代前の建築家だとして出会ったのです。『新建築』や『ＳＤ』では、万博以降の丹下作品も含めた特集が組まれていたのですが、どうも私には自分との距離感が掴めなかったということですね。むしろ亡くなったばかりで多くの書籍が出つつあったルイス・カーン《1901-74》に眼が向いていた。

　その後ずいぶん時間が経ち、建築家として仕事をするなかで、外国人と接したりあるいは西欧の文脈から日本建築を考えるようになった90年代初め頃にふと思い出したのです。「待てよ。ルイス・カーンのことばかり言っていたけど、近いジェネレーションとして、丹下さんの仕事もきちんと考えないといけないのではないか」、と。「ルイス・カーンとは誰なのか」と同じように、「ケンゾー・タンゲとは誰なのか」を考えるべきだろうと思い始めたのです。

　ここで「ケンゾー・タンゲ」という言い方をしたのには意味があって、どうも私自身のなかではいつからか「丹下健三」ではなく「ケンゾー・タンゲ」になっていたようなのです。それは日本国内の文脈のなかでの丹下健三の仕事をどう見るかではなくて、世界というもっと広い文脈のなかでのケンゾー・タンゲのほうがずっと重要なのではないかと思い始めた。そうした文脈で今回は考えてみたい。前講のファシズムと同じように避け続けてきた怖い話題ではありますが、こうした研究本も出たことだし、そろそろ語ってもいい時期なのかなと思いますしね。

―― 1970年代半ばというと、それこそ万博を境に丹下作品が以前とは別の展開を見せ始めた時期でもありますね。建設地も海外が多くなるし、建築的にもガラスやアルミのカーテンウォール、さらには石の外装へと移行していきます。岸さんのターゲットは、どのあたりにあるのですか?

岸 私には、まずは1970年の大阪万博までの仕事を自分の中で位置づけたいという思いがあります。極めて個人的な視点からですが、まずは1960年代に美術出版から出版された『技術と人間』[1968]と『現実と創造』[1966]という2冊の作品集が、とりあえずは自分にとっての「丹下健三」だったからです。

ずっと気になっていた作品のひとつが墨会館[1957]です。これは外部に対しては塀で閉じ、内側に中庭を配した建物です。見ようによっては白井晟一的とも言えるかもしれない。これは変形敷地のせいか、構造の柱と壁が妙な関係にある。同じ時期の香川県庁舎[1958]などは、そのプランに代表されるように極めて整合性の高い秩序だった建物という印象があります。しかし墨会館は、丹下作品のなかでも圧倒的に異彩を放っています。外に対して閉じた内向型の都市建築……。うまい語り口が見つからないのか、ほとんど評論などでは言及されていませんが、学生時代から気になっていました。『技術と人間』を見ても、他の作品では必ずあるファサードや外観の決定的な写真はなく、閉じた壁だけです。むしろ空からの鳥瞰写真が最もこの建築を表現している。同じように昔から好きだったのが、丹下自邸［1953］です。1－2階の平面構成、建築とランドスケープの関係などを含めて、こんな美しい建築があるだろうかと思っていた。これまた作品評論には出てきません。それこそ香川県庁舎や倉敷市庁舎［1960］といった直交座標系の建築を軸にして丹下作品を語る際には、ほとんど枠外に置かれている作品です。そんな2つの作品に最も心を魅かれていた。豊川さんに聞いたのですが、丹下さんが国際的に有名になるにあたっては、この自邸がアメリカのメディアに紹介されたことが大きかったそうですね。つまり「丹下健三」から「ケンゾー・タンゲ」への入口だったのかもしれません。

もちろん香川県庁舎などから学んだことも多いのですが、どうも墨会館や自邸が好きだった。一般的な丹下評論ではメインストリームに乗ってこないような建築。きちんと丹下建築を考えようと思うに至った大きな動機が、この2つの建築なんです。

──それでも住宅に関して、丹下さんには自分の関わるべき仕事ではないといった意識があったようですね。唯一の発表作品とも言える自邸ですら、評論家の川添登さんが強く勧めたことで発表することになったと聞いています。

岸——私にとっては、それが住宅でもオフィスでもなんでもいいんですね。「あ、これは建築だ」と思えればいいだけです。丹下邸が好きなのは、「住宅」だからではありません。たまたまファンクションが住居だったというだけで、これは「建築」でしょう。

少し話はずれますが、住宅とはどんな建築なのか、私が考えていることをお話ししてみます。まず、住宅に一番近いビルディング・タイプは倉庫だと思っているのです。倉庫は中身を守らなくてはいけませんよね。そこで最も大切なことは、外部とのインターフェイスをデザインすること、すなわち閉じることです。住宅も同じで、都市なら都市、自然なら自然のなかで、私たち建築家がすることは、内部の生活と外部のインターフェイスをデザインするだけです。生活様式は何十年も暮らすうちに変わりますから、プログラムとかプランニングなどは、さほど重要な話ではないと思っています。外部とのインターフェイスとは、場合によって「中庭」かもしれないし、「縁側」かもしれませんし、あるいは「ファサード」もそうかもしれない。そうしたデザインは時が経っても変わらないだろうと思う。そういう意味で住宅と倉庫は近いビルディング・タイプではないか。私たちは内部にはタッチできないし、する必要もない。都市とのインターフェイスだけを考えることが、それらの設計の最重要部分であり、したがってそれこそが建築の在り様そのものではないかと思うのです。

ですから私は、丹下自邸を「住宅」的にプラン解析しようと考えたことはありません。単に、「建築」として美しいと思ったわけです。

――ファーンズワース邸を「住居」として見るのが難しいのと同じですか。

岸　そうですね。言うなれば丹下邸は木造のファーンズワース邸ですか。あるいはミース（1886-1969）へのアンサー・ソングと言うか……。

さらに言えば、丹下邸には塀がなかったんですね。ランドスケープだけで外部とのインターフェイスをとっている。ここで思いだすのが、ピーター（1923-2003）&アリソン（1928-93）・スミッソンのロビン・フッド・ガーデンズ［1972］です。基礎工事で出た土の山をランドスケープに使っている。丹下邸の小山が現場から発生したものかどうかは解りませんが、ランドスケープに対するザッハリッヒな感覚が好きですね。ポンっと放り投げたような感じ。逆に建物本体は、すごく精緻に造られているのもいい。

しかし実は私のなかで、丹下さんはそこで止まっているんです。

もちろん学生時代には、香川県庁舎や倉敷市庁舎などの建築は見ています。そうした直交座標系の建築で最も重要なのが丹下自邸だと思っている。しかし今ここで告白しますが、代々木の国立屋内総合競技場［1964］を私はごく最近まで見ていないのです。その横を車で通ったことは何回もある。しかし立ち止まって中には入れなかった。中に入る勇気を得たのは、ほんの数年前のことです。直交座標系についてもよく解らないのに、怖くて代々木には行けなかった、というのが正直なところです。だからこそ「20世紀

を代表する建築」などというアンケートでは、私はダントツで代々木を挙げるんですけどね。〔8.1,8.2〕

ただ、同じく非直交系の東京カテドラル聖マリア大聖堂〔1964〕はHPシェルです。HPシェルは直交座標系からは入って行きやすいのですね。直線を並べて結んでいくとカーブが生まれる。恣意性のないカーブは直交座標系の延長だと思います。ならばということでチャレンジを続けてきたのですが、やっと宝塚の曹洞宗佛光山喜音寺〔2012〕でHPシェルを使うことができました。ただし2枚のシェルによる緩勾配の屋根なので、こ

8.1-1 丹下健三：香川県庁舎、1958
8.1-2 同、内部

8.2
丹下健三：国立屋内総合競技場（代々木体育館）、1964

［第8講］
「ケンゾー・タンゲ」という存在

こから東京カテドラルを思う人はいないでしょうけどね。一度はこの形式を使ってみたかったわけです。対して代々木は、極座標を持って重力に支配される形態です。これは依然として私には解らないままなのです。外形上はエーロ・サーリネン[1910-61]のイェール大学インガルス・ホッケーリンク［1958］に似ているとも言えます。しかしホッケーリンクはキール（竜骨）をケーブルで繋いでいるだけですから、代々木のように重力による懸垂が生み出した形態ではない。キールの形を決めるという建築家の恣意が入っているホッケーリンクと、そこに恣意性のない代々木の形態は似て非なるものです。つまり、ある世界観と座標系を決めたら自然に生まれるかたちなのですね。これは私にはまだ遠くにあるのですが、それでもいつか行かなくては、という思いも同時にあるのです。つまり私は、いまだに丹下さんの60年代にも辿り着いていないんですね（笑）。［**8.3,8.4,8.5**］

同時代のサーリネン

——リーリネンと丹下さんは時代が重なっていますね。ひとつのコンセプトをスタッフで共有して建築の質を高めるといった仕事の進め方は、サーリネン事務所と丹下研究室に共通するものだったという話を聞いたことがあります。

岸——サーリネンもまた説明しにくい建築家ですね。「建築だ！」という感覚が、写真では意外に伝わりにくいような気がします。特にワシントンDCのダレス国際空港ターミナル［1962］やニューヨークのＪＦＫ国際空港ＴＷＡターミナル［1962］では、その特異な形態ばかりが前面に見えてしまっていて、サーリネン建築の持つ建築性が写真からは読み取りにくいような気がしてならない。でもやはり「建築」なのですよ。カーンや丹下さんの建築は写真からでも、ある程度は「建築性」を理解できると思います。しかしサーリネンの場合は写真から「建築性」を感じる人は少ないかもしれません。ところが実物を見る

8.3-1 丹下健三：東京カテドラル聖マリア大聖堂、1964
8.3-2 同、内部

8.4-1 岸和郎：曹洞宗佛光山喜音寺、2012
8.4-2 同、内部

8.5 サーリネン：イェール大学インガルス・ホッケーリンク、1958

と圧倒的に「建築だ！」と感じられる。そういう不思議な人です。[8.6]

面白いのがMITキャンパスに建てられたチャペル[1955]です。スリー・ポインテッド・アーチが目立つクレスゲ・オーディトリアム[1955]の隣にあって、対比的にスケール感を抑えたチャペルです。この小さな教会が持っている空間の、繊細で密実な感じは好きです。空間体験型というか、サーリネンの建築はどうも本質的な部分が抜け落ちて語られているような気がしてならないのです。ほかにもコールテン鋼のディア・カンパニー[1963]なども好きですね、もちろん。いまだ立ち位置の定められていない建築家ですよね。[8.7, 8.8]

——結果としての形態的ヴァリエーションが豊富すぎたので、評価軸が定まらなかった。単なる恣意的・芸術的な気まぐれのように捉えられた感がありますね。

岸 本質的な空間性や建築性が、形態の奇抜さに抑えこまれて見えにくくなってしまう。でも実際に行くと、本当にきちんとした「建築」を感じるのです。

父親のエリエル・サーリネン 1873-1950 によるヘルシンキ中央駅[1914]などの建築を見ると、しみじみといいんですよね。その北欧的なロマンティック・クラシシズムは、息子のサーリネンにも引き継がれています。だから余計に、位置づけが難しい建築家なのだと思いますね。

——カーンや丹下さんに比して、サーリネンは言説を持たなかったということでしょうか。丹下さんなんて、ミケランジェロとル・コルビュジエに関する論考「ミケランジェロ頌」を26歳の時に書いていますしね。

自らのステージを造る

岸 丹下さんに話を戻すと、やはり戦争中のプロジェクトも考えないといけないでしょうね。大東亜建設記念営造計画［1942］や在盤谷日本文化会館計画［1943］など。このあたりから広島ピースセンター［1955］へ流れていく何かがある。バンコクのコンペ案は切

8.6 サーリネン：JFK国際空港TWAターミナル、1962

8.7-1 サーリネン：MITチャペル、1955
8.7-2 同、内部

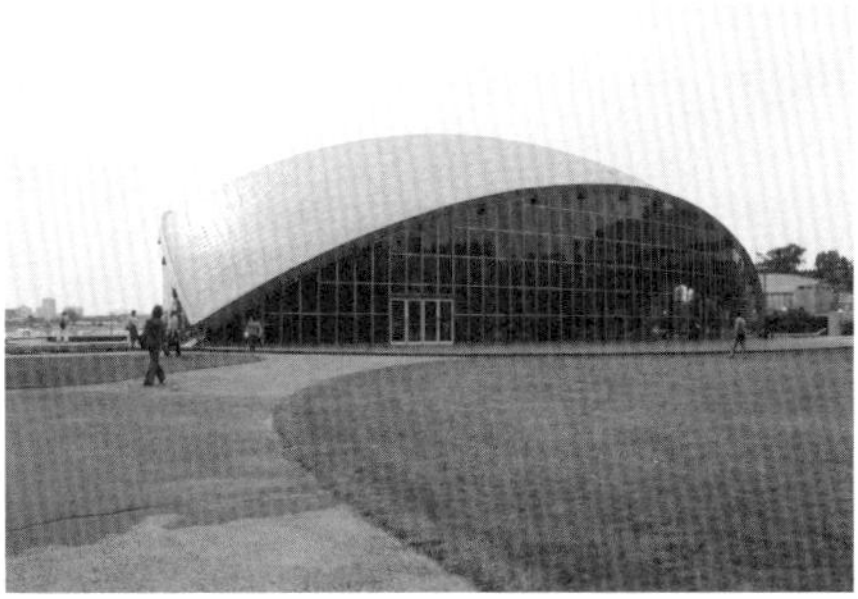

8.8 サーリネン：クレスゲ・オーディトリアム、1955

妻屋根を架けたがゆえに批判もされたわけですが、一方では広島に通底している部分もあると思うのです。建築家によっては、戦争中のコンペ案や満州でのプロジェクトを経歴から消してしまう人もいます。それは歴史的な文脈からしても、戦前・戦中のプロジェクトに対して好意的な意見は出ないでしょうからね。しかし丹下さんの場合は、戦後すぐはともかく、結果的に恣意的なコントロールはしなかった。[8.9]

――作品集でもオミットしていませんからね。

岸　そういう意味で戦前のコンペ案を考えると、前講のファシズム期における建築家の話にも繋がっていきます。九段会館や京都市美術館など、帝冠様式の建物がありますよね。ルネサンス様式の建物に和風の屋根を架けることは、本当に良くないことなのかが私には疑問なのです。一見露悪的な意見に聞こえるかもしれませんが、建築が建築であることと帝冠様式であることとは、まるで関係がない。丹下さんの戦前の計画案に対しても同じなんですよ。

丹下さんはまた、前に話したように戦前日本のインターナショナル・スタイルを「衛生陶器」と呼びますよね。この土浦亀城（1897-1996）さんを代表格とする白くてツルツルした建物に対するこの発言によって、ひとつの時代のページが閉じられたというところがあります。これは豊川さんの本によると、丹下さんが自らの立ち位置や在り方を第三者的に確認するものだったようです。大阪万博が終わった後の川添登さんとの対談でも、大屋根

8.9
丹下健三：広島ピースセンター、1955

がリジッドすぎたと自戒するなど、御自身の作品を客観的に評価できるタイプの建築家だったのだと思います。つまり、「衛生陶器」発言で前の世代を脇に置いて、自分の立つステージを造ったのでしょう。

――「衛生陶器」発言には、ル・コルビュジエは「衛生陶器」を超えた建築家であるという尊敬の念が含まれていたようですね。

岸　「ミケランジェロ頌」もそうですが、自分の立ち位置を決めるという思いが強いのだと思います。むやみに芸術家的にロマンティックにものをつくるタイプの建築家ではないのでしょうね。

――理知的なリアリストといった感じでしょうか。

岸　あまり語られていませんが、丹下さんの建築にはアーティキュレーションの問題があります。

「インターナショナル・スタイル」建築は「マッスからヴォリューム」を標榜していたわけですから、それこそ「衛生陶器」建築はヴォリューム指向ですよね。しかし、旧草月会館［1958］のコンポジションを見ると、意図的にヴォリュームがマッスになってきているのです。その前振りとしては、弥生・縄文という伝統論争があります。私は丹下さんはここで、ヴォリュームとしての近代建築をどう乗り越えるかを考えていたのではないかという気がする。例えば倉敷市庁舎の異様にマッシブなコンポジションも意図的な操作に思えるし、旧草月会館のエレベーションにしても、サヴォア邸のピロティではなくて、もっと前近代的な重いマッスを空中に放り投げるという感じがします。つまり、伝統論を利用した先祖帰りをまずしておいて、次のステップに行こうとしたのではないかという気がするんですね。

ただ次なるステップの時代となると思われた1970年代は、国内よりも海外のプロジェクトが多くなったこともあって、丹下さんの想いとは別の文脈に建築そのものの在り方がずれていったのではないか、という気はします。

――マッシブなコンポジションから、ガラスや石のプリズムへという時代ですね。

岸――私が新しい草月会館［1977］とか赤坂プリンス［1982］を見て思うのは、内部の外部化ということです。インテリア空間にランドスケープの文法を持ち込みますよね。つまりガラスの箱の時代は、おそらく建築的コンポジション――建築的成り立ちとか構築性と言ってもいいのですが――に議論を持ち込むのではなく、もう少し違う文脈に表現をシフトしていったのではないかと思います。丹下自邸での庭と建築の関係と、例えば草月会館のエントランス・ホールにおけるランドスケープ的構成や、赤坂プリンスの外部空間的なエントランス・ホールの扱いとを比較してみる。そうすると、意図的かどうかは解らないけど、建築の在り様をずらしたのではないかと思うのです。もはやファサードがどうとかの建築的な議論ではない地点に向かっていた気がする。

そして1985年には東京都新庁舎のコンペを獲得します。ここにも私は、かつての「衛生陶器」発言で前の世代を総括したように、自らのステージを造りあげようとした気配を感じるのです。それは計画案だけを純粋に出してくるのではなく、ある状況設定とともに建築が立ち現れてくる。こうした状況と作品をセットで提示するという方法論を引き継いだのは、結局は弟子の磯崎新さんだったように思います。もちろん創り方は全然違いますけどね。丹下さんの社会性に対して、磯崎さんは芸術的・文化的であったりする。しかし多少は文脈が違っていても、状況への対応の取り方の大筋は似ているなと思いましたね。

——日本の歴史や国家に対する言説とか都市への関与という、建築における戦略的な大きな枠組みとも言えるのでしょうか。

岸 ええ。丹下さんは国家を造りあげていく時代の建築家でしたから、その文脈が国家や社会に向いた。しかし磯崎さんの場合は、丹下さんより時代が下っているために、それらが反転している。つまり方向を違えた同種のベクトルという捉え方ができるかもしれませんね。

——国家について言えば、戦前に獲った大東亜や在盤谷が実現していたら、また別の展開になっていたんでしょうね。状況は異なりますが、ナチス政権下で実際に仕事をした建築家は長らく国内外でタブー視されていましたしね。

岸――実現しなくてよかったプロジェクトですよ。

少し意味が違うのですが、コンペに落ちて「負ければ賊軍」と憤懣を綴った前川國男[1905-86]さんの東京帝室博物館にしても、仮に当選して実現することにならなくて幸いだったと思いますね。帝冠様式でなくてル・コルビュジエ風というだけにしか思えないもの。まあ、すべからく強運の人は、造られてはいけない建物は実現しないようになっているんじゃないかな。

なぜ今、タンゲか

――改めて考えてみると、そのあたりから世界の文脈に入っていったというのはすごいことですね、やはり。

岸――そうですね。伊勢神宮、寝殿造り、縄文・弥生などの日本的文脈を超えたところに、近代あるいは世界を見られていたような気がしてなりません。

ただし、先ほど話したような丹下さんのアーティキュレーションの形式は、日本的なんですね。例えば、サヴォア邸のピロティと、太い梁で重いマッスを持ち上げた旧草月会館の姿を比べてみて、どちらが肉体的に理解可能な感じがするか。私の場合はサヴォア邸よりも草月会館のほうが了解可能なのですよ、特に日本という文脈を考えると。サヴォア邸は宇宙船のような感じがする。そのあたりを明らかにしていきたいと、私は思っています。ピロティだけを見るなら、広島ピースセンターから旧草月会館への流れは、インターナショナルな文脈から了解可能ですよね。でも旧草月会館のファサードを見ると、どうなんだろうという気がするのです。そのあたりを自分のなかで総括しないと、現代の日本建築を考えるときに——特に私の場合は——自分自身の立ち位置も定まらないような気がする。それがX軸Y軸の原点とは言いませんが、少なくともひとつの座標系を示してくれたのだと思います。その座標系を明確にしない限り、現代の日本建築が見えてこないのではないかと思うのです。もちろん、丹下健三という軸を必要としない建築家もいるでしょう。しかし、それによって立ち位置が見えてくる私のような建築家もいるのではないかと思うのです。私は丹下研究室の出身でも、元所員でもありません。むしろ圧倒的に遠く感じていたほうでしょう。しかし気づくと、そこに本能的に怖いと思う部分があった。だから、そろそろ覚悟を決めて丹下建築の自分のなかでの立ち位置を定めないと、自分が揺らいでくるぞと思うのです。だから今こそ、「丹下健三／ケンゾー・タンゲとは誰だったのか」を考えるべきときだと思います。少なくとも私自身にとっては。

第9講

建築を保存すること

前講までは近代の巨匠たちを引き継いだ第二・第三走者を中心として、モダニズムの議論を展開してきた。本講では「保存」をテーマとして取り上げる。それは初期の近代建築の多くが姿を消す、あるいは改修や保存という問題が避けられない状況に、私たちは立たされているからだ。ただし、ここでは「保存は善である」という暗黙の大前提に与することなく、保存について考えてみたい。

悉皆成仏《しつかいじょうぶつ》という概念

岸 —— 京都では京都会館の保存問題があり、東京では2012年に竣工した東京駅のリノベーションが話題になっています。東京駅［1914］は辰野金吾 1854-1919 による擬古典様式の建築ではあるけれども、日本的な文脈で言えば「近代建築」ですよね。京都会館［1960］は前川國男 1905-86 の設計ですから、近代建築の第二世代の仕事と位置づけられます。そのように現在は、20世紀の建築が保存や再生の対象として上がってくる機会が増えてきています。

よく出される一般的な議論には、20世紀の建築は機能主義なのだから、その機能に対応できなくなれば取り壊して建て替えるのは当然だ、という意見もあります。たしかに近代建築、それも機能主義という観点からすれば当然かもしれません。しかし、本当にそうなのかという気分もある。私は、ギリシアやローマの古典建築も、20世紀のモダニズム建築も、同じ「建築」だと思ってしまうのです。そんな立場から建築の保存や再生について——結論の出る話ではないにしても——、一度きちんと考えておいたほうがいいのではないかと思っています。

実は、その大きなきっかけは、哲学者の梅原猛さんが少し前に東京で行った連続講義にあります。それは3・11を契機に、哲学者として改めて考えたことをまとめたい、というシリーズでした。久しぶりに勉強しようと思い、私はその連続講義に通ったのです。そこでは日本文化の話をされたのですが、特に印象に残る発言がありました。それは日本の仏教を特徴づける概念である「草木国土悉皆成仏《そうもくこくどしっかいじょうぶつ》」――人間や動物はもちろん、草や木まで成仏するのが仏教であり、日本では、国土でさえも成仏する、生きとし生けるもののみならず、無機物である国土まで、ことごとく成仏するのだ、という日本仏教の根本にある概念についてのお話でした。もともと草木を含めて生物は成仏するという考え方はある。ところが、それが日本に伝わると、国土すなわち無機物の物体――それこそ建築もまた――まで成仏するのだと解釈された。その「草木国土悉皆成仏」という概念こそが、我が国の文化の伝統の基本ではないか、と梅原さんは話されたように私は解釈しました。そうか、すべてが成仏するのか。かなり心に沁みました。そのときに考えたことです。では建築は、最後にどう「成仏」させてあげればいいのか、を考えるべきだろうと思ったのです。

姿を変えて生き続ける――メスキータの場合

岸――2-3年前のことですが、私自身が1990年に設計した京都科学・開発センターを取り壊すという連絡がありました。自分で設計した建物の改装はいくつもありましたが、消えてなくなるのは初めての経験でした。クライアントの方は、「せっかくエネルギーを注いで設計していただいた建物を維持できなくて申し訳ない」と話されたのですが、私自身は意外にホッとしたのです。生涯を全うしたということかもしれない、と。悲しいとは思わなかったわけです。先ほどの、建築も「成仏」すると考えること、そんな気分でしょうか。[9.1]

そうした経験を踏まえて東京駅の保存や京都会館の改装の議論を考えてみると、本当に最初に建った状態のままの美しい宝石のようなかたちで生き残ることだけが建築にとって幸せなことなのかと思い始めたのです。

そこで思い出すのが、第7講で話したコルドバのメスキータ（聖マリア大聖堂）です。グリッド状に立ち並ぶ列柱で構成され、上方から光が射し込む美しいイスラムの寺院です。この8世紀に建てられたイスラム寺院は、長く続いたレコンキスタの時代になると、中央部にゴシック様式の教会が挿入されてしまった。行って思ったのは、キリスト教徒とは「なんて野蛮な連中なんだろうか」ということでした。どう見ても、イスラム建築であるメスキータの理知的で抽象的な空間構成に比べて、乱暴に挿入された北ヨーロッパ的なゴシック建築は生々しく下品な感じがする。しかし考えてみると、この状態はもうすでに何百年も続いているわけですよね。つまり、メスキータの内部にゴシック建築が聳えてから長い年月を経て現代を迎えていることを考えると、確かに悲劇的な話であり噴飯物のデザインではあるものの、そのゴシック教会の存在も含めてのメスキータの歴史なのではないかという気がします。[9.2]

9.1
岸和郎：京都科学・開発センター、1990

先ほど「草木国土悉皆成仏」と言いましたが、その成仏の仕方にもいろいろあるのではないかと思うのです。取り壊されて記憶のなかだけに残るのもひとつある。メスキータのように陵辱されるがごとく増改築されたものの、その後も何世紀かを生き残って現在に姿を残すということもある。いずれにしろ、建築が生き残っていく方法は一種類ではないと思います。つまりオリジナルとして保存するだけが答えではないし、増築された姿を何百年も残すということも良しとしたい、という気がするのですよ。

―― カトリック教徒はイスラム寺院を壊滅させてゴシック聖堂を新築したわけではないのですよね。そのあたりの感覚は、日本人には理解しづらいところですね。

岸―― 当時のイスラム建築は極めて抽象度が高く、圧倒的に上位にあったのではないでしょうか。装飾だらけのゴシックは、字義通り野卑《ゴティコ》な建築だった。現在のガイドブックを見ても、メスキータの写真にはゴシックの部分は写っていない。けれどもキリスト教会を含めてのメスキータとして、その生涯として積極的に考えたいということです。

オリジナルへの疑問

岸―― オリジナルの保存ということを近代建築で考えると、先行する例はアメリカにあるのだろうと思います。私の知っている範囲で言うと、ロサンゼルスにある

9.2-1
メスキータ：中央ホール、785
9.2-2
同、ゴシック様式の教会堂

リチャード・ノイトラ《1892-1970》の住宅は、オリジナルの状態に戻すと不動産価値が上がるという状況が20年くらい前からあります。建築もサザビーズに出品されるようなものとして捉えられるようになった。実際に、フィリップ・ジョンソン《1906-2005》のロックフェラー・ゲストハウス［1950］はサザビーズで転売されました。近代建築がオークションにかけられ、コレクションの対象になった。それに合わせて、近代建築をオリジナルの姿に戻すという方向性が、アメリカに起こっています。リチャード・マイヤー《1934-》の初期の住宅くらいまでが、その対象となっている。当時の竣工写真に写っている家具を買い揃えて、同じ場所に据える。そうすると高価格で取引きされるわけです。ノイトラやブロイヤーの住宅がオークションで売られるわけですが、そのために建築がきれいにオリジナル通りリノベーションされたとしても、今度は、建築ってコレクションするためだけの絵画のようなものじゃないだろう、と憎まれ口を叩いてしまう。こうした状況の結果として、近代建築がきれいに保存され、見学ツアーが開催されることで空間を体験することができるようになったとしても。それなら、建築が取り壊されてしまったり、あるいは見るも無惨に改装されているほうが、建築としては幸せなように思えるんですよ、私には。［9.3］

——建築の文化とは少し距離のある話ですね。ただ、フランク・ロイド・ライト《1867-1959》が設計した住宅など、まさに高額の不動産物件として流通していると聞きます。そういう意味でも、さすが巨匠……。

岸——コレクターとしてすごいのは、イギリスのディベロッパーだったピーター・パランボで

9.3
ジョンソン：
ロックフェラー・ゲストハウス、1950

9.4
ミース：ファーンズワース邸、1950

すね。ミース晩年のロンドン再開発プロジェクトのクライアントでもありました。彼はライト、ミース、ル・コルビュジエという三大巨匠の住宅をコレクションしました。ル・コルビュジエ《1887-1965》はジャウル邸［1954］、ミース《1886-1969》はファーンズワース邸［1950］です。今はナショナルヘリテイジが管理していますが、私がファーンズワース邸に行ったのは、パランボ氏が管理しているときでした。目に見える範囲は、家具やファブリックがオリジナルと同じようにレストレーションされていた。しかし、センターコアにあるバスルームには、第2講で話したように家族の写真やら小物が所狭しと置かれていた。ここだけに彼のライフスタイルが現れているんですよ。外部からガラスを通して見える内部はミースの空間、センターコアの内部はオーナーの趣味。それを見ると、近代建築もコレクションの対象であることが理解できた。［**9.4**］

2－3時間だけ見学するのなら、オリジナルが残っているほうが嬉しいですよね。ジョンソンの「ガラスの家」［1949］もナショナルヘリテイジが管理しているので、もとのまま残っている。でも私はどうも、それで本当に建築が生きているのだろうかという感じがしてならない。建築の生涯として考えると、内部にゴシックを抱え込んでしまったメスキータのほうが、――風景としては良くないけど――正しく年齢を重ねているように思えてしまうのです。［**9.5**］

――現役で使用されず、オリジナル・コレクションとして保存されるとなれば、それはテーマパーク的な雰囲気になってきますよね。アートワークというか……。難しいところですね。

9.5
ジョンソン：ガラスの家、1949

岸——機能を果たせなくなった近代建築は使命を終えたのだから壊していいという論理が片方にあるとすると、ファーンズワース邸や「ガラスの家」のようにテーマパーク的に公営管理されて誰でもが見学できるのは素晴らしいことだとも思います。ただ私には、それが住宅あるいは建築として、どうなのだろうという思いがある。逆の例で言うと、ライトのジョンソン・ワックス本社[1939]にはアプローチに水を張ったプールが設計されていたのですが、私が行ったときには水がなかった。メンテナンスが大変なのかもしれませんね。それでも内部では、オリジナルの家具が使われていたり、部分的に手直しの改修を加えたりしながら、オフィスビルとして普通に機能していた。そこに大いに共感した覚えがあります。たとえ水がなくても、ね。[9.6]

オリジナルということを時間的に考えてみても、例えばケルン大聖堂は起工から完成まで600年以上かかっていますよね。そこではオリジナリティの話など何の意味もない。フィレンツェのドゥオーモにしても、1296年に着工したときは屋根の架け方すら決まっていなかった。現在の有名な屋根は、1418年にブルネッレスキ[1377-1446]がコンペで勝ち取ったものですよね。そこにオリジナリティを問うても仕方がないでしょう? 同じブルネッレスキでも、サン・ロレンツォ教会はファサードが未完のままですね。そういう意味でも、建築を語るのにオリジナル至上主義を持ち出すのはどうも私には違和感がある。そもそもオリジナルという発想ができたのは、1人の建築家が設計から竣工まで関わるようになって以後のことです。近代になって市民社会が成立し、建築家とクライアントの契約関係が確立されて以降のことです。100歩譲っても、建築家の名前が1人の「作家」

として建築「作品」に張り付けられるようになったのは、15世紀のルネサンス以降のことですからね。意外に新しい考え方ですよね。[9.7]

先ほど話したメスキータを典型例として、ヨーロッパの古い建物は変化を続けてきたわけです。

——岸さんのオリジナルという認識には、形態だけでなく機能の変化も含まれるのですか?

岸——機能も変わらざるを得ないと思う。例えば、「図書館」と呼ばれた建物も、急激に変化していますよね。一方ではアーカイヴ機能に特化することもあるだろうし、または

9.6 ライト：ジョンソン・ワックス本社ビル、1939

9.7 フィレンツェ大聖堂（ドゥオーモ）、1436

情報メディアとしてアクセスするバーチャルな場として、あるいは人が集まるパブリックな場として特化することもあるでしょう。つまり昔ながらの「図書館」は意味が薄れてきている。アンリ・ラブルースト 1801-75 がパリ国立図書館［1875］を建てた頃は、図書館は新しい大空間の架構を生み出す場所であり、その大閲覧室が意味のある場所だった時代だと思う。今は違ってきています。だから「せんだいメディアテーク」［伊東豊雄、2000］が生まれたのです。しかし図書館の意味が変質しているからといって、旧来の図書館が建物としても命を終わらせる必要はないと思います。機能を変えて生きればいいのですから。

都市と建築とのインターフェイス

岸　前講でも話しましたが、私は住宅と倉庫は同じだと思っています。つまり、どちらも内部の機能はいずれ変わっていくのだから、建築家がなすべきことは外部とのインターフェイスを調整することだ、と。これだけは建築のファンクションとして残るのではないか。特にヨーロッパにおいては、都市に対する責任としてのファサードがファンクションのひとつになっているように、そのインターフェイスのデザインこそが建築家の仕事だと思う。保存を考えても、それは同じではないかと思うのです。例えば機能的に閉じる必要があった建物を、オープンにするよう求められたとします。そうしたら古いストラクチャーを生かしながら、いかに都市に開くかを考えればいい。その際には、もとのファサードを変更しても全然かまわないと思う。逆に、オープンなファサードの建物が、時代の要請とともに閉じるべきファンクションを持たざるを得なくなったら、都市に対する新たなインターフェイスを建築家がデザインすればいい。

　都市と建築とのインターフェイスが重要だという視点からは、ファサードだけでなくパブリック・スペースという問題も浮上してきます。例えば、明治生命館への増築（明治安田生命ビル、丸の内MY PLAZA）があります。岡田信一郎《1883-1932》が１９３４年に完成させた建物に三菱地所設計と竹中工務店が高層ビルを増築したものですね。保存された古い建物の隣に、新しい現代のタワーが建っている。そこに生まれたパブリック・スペースが意外に気持ちいい。古い建物を残さなければいけないがゆえに、その元の外壁がアトリウムの内部に現れたり、公共通路の壁面になる。それがうまく働いて、アトリウムや公共通路などのパブリック・スペースが内部であるにも関わらず、外部的な雰囲気、「外部性」を獲得し、結果として、気持ちのいい都市空間になっている。これは過去と現在が重層する公共空間が出現しているわけですが、これは古い建物への増築というケース以外には実現し得ない重層性でしょう。

　しかも地下にはニューヨークのオイスター・バーなどの飲食店が入っているので、夜中に地下からこのアトリウムに上がってくると、日本ではない公共空間のスケールがそこに待っている。つまり古い建物と新しい建物がセットになって、現代都市の雰囲気を醸し出しているため、どこかアメリカの都市、例えばニューヨークかボストンにいるような気分になります。この建物を別に諸手を挙げて褒めそやすわけではありませんが、このようにオリジナル至上主義でも博物館やテーマパーク的な保存でもなく、今日的な建築空間とし

て現代に再生していく道はいくらでもあると思うんですけどね。[9.8]

——同じ丸の内に建つ丸ビルはどうですか?

岸 丸ビル、それに新丸ビルは、どちらも有効率を上げ過ぎだと思う。それは実は、おそらく通路幅や天井高というディメンションが少し小さ過ぎるというだけの話だと思うのですが、なにか明治生命館に比べると縮こまった感じを受けます。日本的な建築のスケールになってしまっている、と言ってもいい。それに比べて、明治生命館の古い建物と新しい建物の間の通路など、言ってしまえば無駄に広いし、仲通りから入るアトリウムも、理解に苦しむほどの広さと高さがある。だけど、それが成功していて、日本的な縮こまったスケールから逸脱し、内部空間として都市的な空間が実現しているのではないか。

——そのスケールの話は1938年に完成した第一生命館への増築、ケヴィン・ローチ[1922-]と清水建設が設計したDNタワー21[1994]を思い出しますね。あれはケヴィン・ローチの感覚ですよね。好き嫌いはともかく、日本人には描けないであろうスケールの建物を実現した。[9.9]

岸 そうですね。やはりマスター・アーキテクトは重要なんだ(笑)。

——基本設計だけにしても、自分のスケールは確保したのだと思いますよ。その無駄に思われるような、それでいて重要なスケール感を……。

岸――そう、ファサード保存だけじゃダメなんですね。京都にも「中京郵便局」でファサード保存をやっているけど、ひどい話ですよ。建物が辱めを受けているようにしか見えない。明確な意図がないんだと思いますね。

9.8-1
明治安田生命ビル（明治生命館）、2004
9.8-2
同、アトリウム

9.9
DNタワー（第一生命館）、1994

日本の特殊事情

さらに日本の特殊事情として、まずは19世紀のヨーロッパで起こったリバイバル様式を受容したことがあると思います。それは又借りと言うか、建築様式の伝言ゲームみたいなものだと私は思っています。でもそれが現実に重要な保存対象になっていますよね。世界建築史の年表にも入っていないような洋風建築を保存するという状況……。

岸　19世紀のヨーロッパは、リバイバリズムと同時に近代建築への模索が始まっていた。日本でも新しい社会が成立しつつあり、時代的に言えば、抽象的建築が生まれるべき時代が到来していた。それでもジョサイア・コンドル《1852-1920》に指導されて、様式主義的な建築が生まれる。それが日本の洋風建築ですね。言い方を変えると、我が国がある種の文化的植民地であったことの証左みたいなものですよね。

「文化的植民地の証左として重要だ」から保存するのだと言われるのなら、それはそれで潔い気がしますけど（笑）。

岸　同じような話ですが、香港に行ったら英国統治時代の赤煉瓦の建物をリノベーションしていました。これが面白かった。日本での赤煉瓦建築のリノベーションを想像すると、内部は白く抽象的でミニマルな現代的空間にして、それを外部の歴史的な赤煉瓦と

9.10-1
香港のリノベーション例
9.10-2
同、内部

対比して見せるのでしょうね。ところが香港の面白さは、そこに中国趣味をバンバン入れてくるんですよ。抽象的なモダン・デザインにはしない。ものすごく奇妙なものですよ、できあがった建物は。歴史的な洋風建築の容れものに中華的エレメントが詰まっている。でも、それは香港人たちのアイデンティティの証明なんだという気がする。英国から与えられた古い建物を壊すとは言わないけれども、自分たちの好きな色に塗り直してやる。妙なデザインですが、あまりに面白くて拍手しました。日本人による赤煉瓦のリノベーションだったら、おそらくプラハとかロンドンに建っていてもおかしくないような洒落た建物になりますよ。でも香港の場合は、ここでしか成立しえない。[9.10]

――日本人は真面目ですからね。そういえば、中華バロックとか上海アールデコといった言葉もありますしね。

岸――香港と北京にチャイナ・クラブという紹介制のクラブ組織があります。香港のセントラル、オフィス街の真っ只中にある7―8階建てのスタイリッシュな建物なんですが、その外部に面した側壁に付けられたエレベーターに乗って、上階フロアに着いたところから、突然1930年代の上海が始まるのです。ここは現代の香港なのですが、完全に第二次世界大戦以前の上海趣味。アールデコを模した建物は定番通り上部をセットバックさせて、ルーフテラスを設けています。そこからは香港上海銀行、チャイナ・バンク、マンダリン・オリエンタルなどの現代建築の世界が広がり、一方室内に入ると1930年代上海アールデコの世界。生バンドが演奏するのは、当時のモダンジャズ・チャイニーズ。タイムマシーンですよ。中国のリノベーションで面白いのは、別の時空に飛ぶんですよ。いわゆる「香港ゴージャス」ってやつです(笑)。[9.11]

そうした2つの価値観が同時に進行しているのは、私は好きですね。日本人も教科書みたいな保存をするだけではなくて、こんな破天荒な例があってもいいように思いますけどね。それはほとんど、メスキータを陵辱したキリスト教徒の気分かもしれませんね。こんなこと言うと、怒られますね。

——やはり日本では、オリジナルに戻すのが王道のようです。擬古典や赤煉瓦と言えば、話題になった東京駅の復元ですよね。情緒の欠落か知識不足か解りませんが、私は東京駅を保存すべきかどうかは疑問なんです。なぜ誰しもが血脈をあげてオリジナル保存を主張するのかが、今ひとつ理解できない。建設技術史や社会史・文化史的な価値はあるのでしょうが、建築そのものを世界や日本の判断軸において冷静に考えると、なぜ過去を思う声が圧倒的に大きく、21世紀の新しい駅舎を造ろうという声が小さいのかと思うのです。ましてやスカイツリーよりも総工費は高いわけです。空中権で賄ったとはいえ、東京駅上空で数百億が大企業間に飛び交ったのは事実ですから。[9.12]

岸——新築するよりも2倍か3倍の予算が掛かったようですね。もちろん、米軍の空爆で失ったオリジナルの屋根を架け戻すという歴史的意義にも意味がないとは思いませんよ。ただ、皇居に向かう通りも整備することを聞くと、そこに見え隠れする意味につい

9.11-1 香港のチャイナ・クラブ
9.11-2 同、吹き抜け

て考えてしまう。いっそのこと国威高揚という政治的な意図があって、東京駅と皇居をセットにしてオリジナルの姿に戻すんだという大きな意思があるのならば、むしろ理解しやすい。しかし今はコマーシャル的な意図しか見えない。商業価値の上昇だけを見込んで東京駅を復元したとしたら、ちょっと怖いと思います。現在の私たちはソ連崩壊後のスーパー資本主義の社会に生きているわけですから、そうしたロジックが最強なのは解ります。でもなぁ、という感じかな。それは有名近代建築作品をオリジナルに戻して、コレクターに高値で買わせるというサザビーズの話と同じに見えてしまって、辛くなる。

京都会館について

岸――実は、今回こうした保存の話を持ち出してきた大きな理由は、京都会館の保存問題が身近にあるからなんです。辟易しているんですよ、もう。

もともと京都会館には音響が悪いという問題がありました。そこで民間から資金提供を受けて、オペラ対応のコンサート・ホールに改装することになったのです。まずは、改装案、新築案、現状維持案のどれが適切かというプロポーザルが行われ、日建設計によって検討が行われました。まず現状維持案は、音響が悪すぎるし動線もひどすぎる。つまりオリジナル保存を目指す案は現実味がない。しかし何らかは残したい。それで結局は部分改修ということになり、香山壽夫先生が改修設計を担当されることになった。

京都会館は、ピロティから中庭までが東山に抜けるオープンな空間を特徴とし

9.12-1 復原された東京駅、2012

9.12-2
同、ドーム屋根

ます。その都市空間が評価されているわけです。しかし香山さんの案は、そこにガラスを立てて空間を室内化させるものでした。それがダメだという議論がかまびすしい。「オリジナルを残せ」、と。確かに現状では、ピロティを抜けて中庭に至るというシークエンスが京都の都市空間として成功しているのでしょう。しかし、そこを部分的にガラスで閉じたらどうなるのかは誰にも解らない。それは次の建築家に委ねるしかないと思うんですよ。あるいは、改修されて完成した建物と、それをマネージメントする側の問題だろう、と。つまり明治生命館の改修が新しい都市空間として成功したように、ガラスで閉じられた空間でもデザインされた確かなスケール感を持ち、例えば夜間も開放されたりするのなら、充分に素敵な都市空間になりうると思うのです。現状よりも良くなるかもしれない可能性がある。仮に上手くいかなかったにしても、設計の良し悪しは香山先生が背負えばいいと思う。また何十年か経って、誰かが再改修すればいい。何回か改修を繰り返すうちに、オリジナルの京都会館とはまったく別物になるかもしれない。でも、それでいいと思うし、それが建築の「成仏」する姿だと思うのですよ。

この京都会館の件で関係する方々と話をしていて思うのは、一般的には、すなわち市民の眼からは素晴らしい建築だとは思われていないということです。この建築が例えば、「建築家の好きな戦後近代建築のベスト20位以内に、もしかすると入るのではないか」という話をすると、一様に驚かれます。普通の市民からは、「音響や動線が悪いのだから、さっさと建て直してほしい」と思われていた節がある。

すこし私的なことを言うと、すなわち私自身の建築家的価値観から言うと、

9.13-1
前川國男：京都会館，1960

同じ前川國男さんの仕事では東京文化会館［1961］よりも、京都会館のほうが好きなんです。京都会館は外部空間も含めて「空間的」です。対して東京文化会館は、さながら彫刻のごとく「オブジェクティブ」ですよね。先ほども話したように、建築とは都市環境とのインターフェイスをデザインすることだとすると、京都会館はインターフェイスとしてすごく気持ちがいいのです。でも、こうした論理は普通の人にはコミュニケートしづらいのでしょうね。［9.13］

9.13-2
同、中庭

24年ぶりの手紙

岸――1987年に私が設計した「KIM HOUSE」のクライアントから24年ぶりに手紙をいただきました。改装したいというのです。当時は、祖母、夫婦、子供のための三世代住宅でした。今はおばあちゃんが亡くなり、子供たちも独立し、ご主人もリタイアされています。そこで夫婦2人で老後を過ごす家に改装したいということです。連絡をいただいたことが嬉しくて、早速行ってみました。そこで驚いたのは、両隣の家どころか町並みも、ほとんど昔と変わっていないことでした。

87年のプロジェクトでは、三分割した平面の真ん中を中庭とし、道路側のファサードを閉じています。都市住宅の解答としては、当時はそれしか考えられなかったわけです。しかし今回は、周辺が24年間変わらずに、しかもご近所とも親しいのなら、防御的に閉じたファサードをやめてオープンにしてしまおう、と思いました。それこそインタ―フェイスのデザインです。また、中庭を持った求心的な構成は老後の住まいとしては少しハードなので、中庭部分の三分の二には屋根をかけ、残りの三分の一から光を採り入れるようにしています。そうすると、直接の強い光ではなく柔らかい拡散光になります。その光を気持ちよく受けるために、色合いも当時のダークブルーから白色に変更しました。

オリジナルを換骨奪胎して、残っているのは基本的な構造エレメントくらい。階段などの構成要素は残っていますが、空間的なキャラクターは完全に違うものになりました。もともと自分で設計した住宅ということはありますが、これくらい変えないと次の時代に建築が再生していかないのではないかと思いました。私自身の建築は87年当時の厳格な幾何学と強い素材感が支配する建築から抽象的な白い建築の時代を通り過ぎ、また最近はアジア風の価値観に興味があるというように立ち位置は変わり続けているのですが、例えばプロジェクトがある程度大きければ、そのいずれもが同居してもいいと思っています。[9.14]

一般的な保存と再生も、それくらい自由に考えていい気がするのです。メスキータにゴシックを挿入するほどの大それたことでなくても。

9.14-1 岸和郎：KIM HOUSE 1987、1987
9.14-2 同、内部

9.14-3 岸和郎：KIM HOUSE 2011、2011
9.14-4 同、内部

第10講

空港〜どこでもない場所

NOWHERE MAN

岸――空港というテーマの出発点は、ビートルズの「Nowhere man」［1966］という曲を十数年前に思い出したことにあります。これは私たちビートルズ世代にとって懐かしい、1960年代の終わりに大ヒットしたナンバーです。その「Nowhere」が私のなかで空港と結びついたわけです。仕事での旅行が増えてくると、空港や鉄道駅を通過してホテルに宿泊するという生活が日常的になってきます。そこで私は、特に空港というものが、とても不思議で親しみやすいものに思えてきたのです。なぜかというと、建築とは基本的に敷地の場所性――文化や歴史など――を引き受けて建てられるものだと、私たちは思っていますよね。ところが空港の多くは、人工的に造成された土地に、その場所性とは切り離されて造られています。また現代の新しい空港を想い出してみると、どれもそのほとんどがライトグレーの御影系の床に白っぽい間接照明を持った天井が高い空間です。関西空港、インチョン空港、北京空港、上海空港、どれも似たようなイメージです。ですから、どの空港から飛んで、どの空港で降りても、ほとんど場所が変わっていないと感じ、連続している気分になるのです。そこに覚える妙な安心感が、現代の空港ではないかと思い始めたのです。

それは、鉄道駅――特にターミナル駅――がもたらす雰囲気とは違っています。ヨーロッパが分かりやすいと思うのですが、改札のない駅もありますよね。例えば、ミラノ中央駅はガラスの大空間の下に列車が入ってきます。そこはすでに都市の一部であって、列車を降りた途端にミラノのパブリック空間にいることを認識せざるを得ない。EU圏内の多くの特急電車はインターシティと名づけられています。つまり都市と都市を結ぶわけで、駅そのものから都市空間が始まる気がします。改札があったにしても自分で刻印するわけで、無賃乗車も簡単ですよね——捕まったときの罰金は高いけど。すなわち都市のパブリックな空間が連続的に車両内部にまでつながっているわけで、自転車に乗ったままでも犬を連れたままでも構わない。それはもう、都市空間の一部と言えます。［10.1］

ひるがえって空港を考えると、まったく違います。例えば、成田空港や関西空港に向かっていると、それは東京でも大阪・京都でもない別の場所にアクセスしている気分に間違いなくなってくる。チェックインしてパスポート・コントロールを過ぎると、もう本当に「どこでもない場所（Nowhere）」ですよね。立っているのは日本の国土だけれど、厳密には日本ではないわけです。それは次に到着する空港の内部空間まで続いている。こうした「どこでもない場所」の多くは白かライトグレーの空間で、そこにエルメスやプラダなどの似通ったブランドショップが立ち並ぶ。そこに私は妙な心地よさを感じ始めたのです。その理由を考えたところ、「ここは、どこでもない場所だからだ」と気づいた。「すごく現代的な空間なのではないか」、と。

何らかの文化性や場所のコンテクストを踏まえた一品生産のドメスティックな一般的建築に対して、確かに外観は各空港で違っていたとしても、関西空港のインテリアがそのまま飛行機の機内空間を仲介にして、インチョン空港につながっているように思えるのです。特に建築とは関係ない普通の人が、関空とインチョンのロビーや通路を歩いてい

10.1
ミラノ中央駅、1912-31

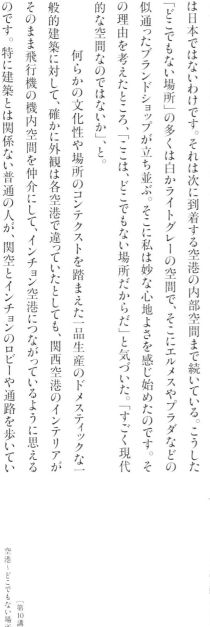

ても——案内標識の母国語は別として——、その空間の雰囲気だけで2つの空港が違う場所だとは思わないのではないか。そうした意味で、ここに現代でしかありえないビルディング・タイプが生まれたという気がする。この「どこでもない場所」こそが、新しい時代を表象しているのではないか、と。

そうした映画もありましたよね。シャルル・ド・ゴール空港のトランジット・ゾーンで暮らす人が登場する『パリ空港の人々』[1993]。また、ジョン・F・ケネディ空港に到着したものの母国がクーデターで消滅。パスポートも入国ビザも取り消され、国際線ロビーで生活し始めるというトム・ハンクス主演の『ターミナル』[2004]。こうした映画は、まさに空港の現在の位置を現している。空港のニュートラルなエリアだけで暮らしていけるんですよね。そこには人間が暮らすのに必要なものが揃っています。食べ物、シャワー、ソファー、お酒もあります。乗り継ぎ時間によっては、長時間留まるケースもありますからね。そうした「どこでもない場所」が、飛行機だけによってネットワークされている。とても現代的な空間の在り様だなと思います。

同じような感覚は、ホテルにもありますね。例えばハイアット・ホテル。どこのハイアットに泊まっても、ハイアットという空間です。ソウルだろうが六本木だろうが、都市や地域の文脈を引きずっているわけではなく、何日間かの夜を過ごすためだけのホテルという仮の場所。これも「どこでもない場所」ですよね。別に六本木や新宿の喧騒を抱えているわけでもない。「どこでもない場所」が40階くらいの中空に浮いているという現代都市の状況も、とても面白いと思う。これは空港と同じような場所だと思うんですね。チェックイン直後は、ここはいつもの居場所とは違うと思うのですが、3日も滞在していると普通になってくる。そういう面白い場所です。ですから、空港やホテルといったパブリックでもプライベートでもなく、説明しにくい新しい空間が生まれているような気がします。

工場のような空港

岸 今回の話題にピッタリの事例があるんですよ。竹中工務店が設計・施工した関西国際空港第2ターミナルビル［2012］です。LCC（格安航空会社）専用のターミナルビルなのですが、いい建物だと私は思いました。本当に倉庫のような空間で、私たちが知っているような今までの空港とは違います。「どこでもない」という感じがする建物なのです。つまり、従来のクリシェとしての空港とは異なる新しさだなという気がする。さながら工場の内部のような空間から旅立つという雰囲気は画期的だと思う。成田でも羽田でも、レンゾ・ピアノ《1937-》の関空でもない形式がここにあるな、と……。［**10.2**］

――工場や倉庫などに見られるロフト的空間ですね。

岸 坪単価も41万円ですから、まさに倉庫や工場ですよ。でも空港としてオシャレだと思いませんか？

工場のように、本来は「一般の人が入ってはいけない」ような場所にいる感じがす

10.2-1
竹中工務店・関西国際空港
第2ターミナル・ビル、2012
10.2-2
同、外観

10.2-3
同、出発・到着ロビー

10.2-4
同、日本庭園風の中庭

る。それが「どこでもない場所」感につながる。これは現在のツーリズムが三次元の空間になったかたちだと思う。空港を工場のような空間にするなど誰も考えなかった。限定されたコストゆえに、そうならざるを得なかったのかもしれないけれど、それが新しい空港の提案になっている気がします。成田空港のＬＣＣ暫定施設も安っぽくていい。ペンキを塗っただけ。

　もうひとつ関空のＬＣＣターミナルで面白いのは、どこかエキゾティックなんですよ。先ほど話したホテルの例を考えてみると、シャングリラとかマンダリン・オリエンタルなどの高級ホテルという「どこでもない場所」に顕著だったのは、アジアン・フレーバーを持った無国籍なスタイルなのです。このＬＣＣターミナルも、無国籍なアジア風のテイストが感じられます。それもホテルのようなハイエンドな空間ではなく、ローエンドの極みとして出現した。こうした世界中に存在する工場のような空間は、無国籍でありながら、どこかヴァナキュラーな感じが漂うわけですね。ハイエンドな場所だけではなく、ドメスティックに下降していった場所にも同じく世界への通底路があるという構造を見たような気がしたのです。

――機能性に特化した均質な空間は、ある意味でモダニズムの初期状況に回帰しているような気もするのですが……。

岸――このターミナルを見たときに思い出したのは、ドイツ時代のグロピウス《1883-1969》であり、特にハンネス・マイヤー《1889-1954》の建築なのです。そこまで裸になると、設計者本人が意図したか否かに関わらず、メタレベルの思想性が浮き上がってくる感じがする。逆に言うと、ローコストを通徹したところに、本来のインターナショナリティにつながるようにも思えた。実際には竹中工務店の設計者が、「どこでもない場所を作ろう」などとは意識しなかったでしょうが、徹頭徹尾ローコストを考えることによって以前とは違うチャンネルが開いたのではないかという気がする。思いもかけず、モダニズムが理念としていた空間が裸のかたちで出現してしまった。なぜなら、「どこでもなさ＝Nowhere」は、インターナショナリズムが求めたことのひとつですからね。

坪単価が数百万円と言われるノーマン・フォスター《1935-》の北京空港をモダニズムのハイエンドだとすると、関空ＬＣＣターミナルはローエンド。それでも同じような道に通じるのが、建築の面白いところだと思う。

旅の変化——夢から日常へ

――国際空港というと、まずはエーロ・サーリネン《1910-61》の造形が目に浮かびます。近年では、ノーマン・フォスターやレンゾ・ピアノたちのハイテク表現が印象的です。それらの歴史的な流れを岸さんはどう位置づけられますか？

岸――サーリネンのダレス国際空港ターミナル［1963］もＴＷＡターミナル［1962］も、基本的にすごくロマンティックですよね。言い換えると、飛行機での旅が夢に満ちていたロマンティックな時代だったと思うのです。それが例えばニューヨークからロサンゼルスまでの国内便だったとしても、飛行機を使ったビジネスは憧れの生活だったのではないでしょうか。今のように、関空からソウルまで往復１万円で仕事で飛んでいる人には、ツーリズムに対するロマンティシズムはありませんよね。東京に新幹線で行くより安いわけですから。私がサーリネンの空港を見て思うのは、旅とは何かを啓発する行為であり、ある夢の世界を見せてくれるものだったという感じがしてならない。特にＴＷＡターミナルでは、待合ホールから発着ロビーに向かう通路がトンネルになっている。まさにトンネルによって新しい世界に導かれるというデザインです。それは、ニューヨークとローマという別世界を隔てるゲートの役割としての空港という考え方が大前提にあったように思う。だから建築も、力強くてロマンに溢れていた。[10.3]

もう使われていないベルリンのテーゲル空港などもそうですね。戦前の重いモダン・デザインの空港で、それも旅自身がヘビーデューティーだった時代のシンボルです。未知の世界への決心を要する旅立ちだったのでしょうね。

現在の私たちは、飛行機で着いた向こう側にも、こちら側と大して変わらない世界が広がっていることを知っています。もちろんアフリカの奥地とかは別ですが、普通に私たちが旅行する範囲で言うとね。空港からタクシーに乗って、ホテルにチェックインするというプロセスは、ミラノでも東京でも同じですから。日本語が通じないだけの違いで、何か未知のドラマが待っているわけではない。もはや軽い気持ちで飛行機に乗り、大して変

わらないけど多少のエキゾティシズムを味わいに行く。このような連鎖のなかで、旅は日常的な空間の広がりへと変わってきたのではないかと思います。そのように圧倒的に日常的になってきたところに、意図的にエキゾティシズムを拡大・挿入し、昔の旅のイメージに引きずり戻そうとしたのがＪＲ東海ですよ。「そうだ、京都行こう」。京都を異質な空間としてプロモートすることによって、未知の場所へ出かけるという原点に先祖帰りさせた。でも京都にいると、紅葉の季節は大変ですよ。どこに行くのも大渋滞。そもそも、テレビやポスターで見るような美しい紅葉なんて見たことないし（笑）。新しいツーリズム＝旅のイメージが作られたのですね。

　サーリネンの空港が夢の旅立ちの表象だったとすると、ノーマン・フォスター[1940-]のスタンステッド空港［1991］、レンゾ・ピアノの関西国際空港［1994］、ヘルムート・ヤーンのシカゴ・オヘア空港［1987］などは、さらにヒロイックな時代を表現しているように思います。あまり経済動向と建築デザインを結びつけたくはないのですが、やはり社会体制と空港は連動しているようです。例えば、ニューヨーク―モスクワ―東京―ロンドン―シカゴと飛んで、巨大プロジェクトをネゴシエイトするような国際ビジネスの時代の象徴なのではないかと思えるのです。だからこそ、建築もテクノロジー＝力を極限まで表現するようになる。ビジネスなり旅がヒロイックなものだった時代は、デザインもああいうヒロイックなものが時代に呼応していたのではないでしょうか。鉄骨の構造体がガラスの箱に収められ、それが照明で浮かび上がる。さあ行くぜ！　という気持ちにさせられる（笑）。それもまた近年の9・11やリーマンショックなどによって、急速に変わりましたけどね。［**10.4**］

10.3-1
サーリネン：ＪＦＫ国際空港
ＴＷＡターミナル、1962
10.3-2
同、空港ロビー

——すごい空港を造れる財力や技術力を、国際的にアピールするためでもあった。

岸　世界そのものが、強さを求める時代だった。それが今は、坪41万円になった。
それは旅が悲しいものになったということではなく、新しくなったのだと思います。特に関空はLCCターミナルのコアになったこともあって、成田や羽田からよりも安く便利にソウルや台湾などと繋がった。これこそ新しい時代の到来で、旅行あるいは海外とのビジネスが本当に日常的なものになった。だからLCCの建物は、この時代に相応しいと思えるのです。

——建築自体も、フォスターやピアノを代表とするテクノロジー表現の時代から、平準でカジュアルな造り方の時代に移ってきたと言うことでしょうか。

岸　このLCCターミナルは一般的な工場に見られる鉄骨の均等ラーメンです。さっと組み上げて、ALCでも張れば完成する。空港のデザインとは、ポール・アンドリュー 1938- のシャルル・ド・ゴール空港にしてもそうですが、結局は屋根のデザインですよね。いかに象徴的な形態を誇示できるか。そうした屋根をデザインする時代は終わったような気がしてならない。もはやシンボリックに見える必要はないですからね。

——サーリネンの時代は下から見上げる空港。次に上空から見る屋根の時代。そして今は新たな

フェイズに来ている、と。

岸―― 本当にそうですね。でも建築として見ると、きちんとした硬質なデザインのTWAターミナルは今でも好きなんです。ある夢に応えるという使命に建築家が見事に応え、そこに上質な建築が実現されるという理想的な状態がそこにある。ダレス空港にしても、ハイウェイから高速でアプローチしながら空港を目にし、そこから旅立っていく感じは悪くない。

――時代状況が動いたということであって、それは建築の評価とは関係ないですからね。

岸―― 基本的に19世紀後半から20世紀はツーリズムの時代だと思います。近代主義にも大きく関わります。特に博覧会や博物館がそうですね。万国博覧会では、自分では行けないアジアやアフリカや南米などの建物や習俗を見ることができる。パリやロンドンにいながら、世界を旅したような気になるわけですね。博物館も同じで、世界を切り取って展示するという近代的な概念があります。どちらにも、自分たちとは違う世界があるというエキゾティシズムが基本にあるわけですね。それが次第に薄められ、すべてが均一化してきた。同時に空港もまた、ロマンティックな時代からヒロイックな時代を経て、日常化されていった。つまり、2つのベタな日常を繋ぐ「どこでもない〈日常の〉場」に変わってきたように感じる。そこに意図的に少しだけのエキゾティシズムを加えて……。

10.4-1
フォスター：スタンステッド空港、1991
10.4-2
同、空港ロビー

結局は、経済のグローバル化が文化状況や世界認識を変えてしまったわけです。経済的な状況によって、世界は日常化されたわけですよね。そのことが、旅そのものの在り様まで変化させたのでしょう。

――モダニズムの成立期と飛行機の実用化（軍用機）は、だいたい同じような時代ですよね。アントニオ・サンテリア（1888-1916）は1914年の「新都市」で、ル・コルビュジエ（1887-1965）は1922年に「300万人のための現代都市」で、それぞれ空港や飛行機を描いています。

岸――それでも、近代デザインにメタファーとして大きな影響を与えたのは、汽船のほうなんですね。ファン・ネレ工場［1931］の屋上デザインやサヴォア邸［1931］など、目に見えるかたちで近代建築に結びついている。飛行機はと言えば、例えばツーリズムやエキゾティシズムなどの、形態とは異なるフェイズで建築に結びついているような感じがします。［**10.5**］

つまり空港というのは、その国の政治システムによって造られる建物だったのですね。到着客のためでも出発客のためでもない。成田空港は正式には「新東京国際空港」です。東京じゃないのに。関西空港も同じなんです。京都・大阪・神戸といった固有名詞の都市はありますが、「関西」という場所はありませんからね。基本的には政治システムのシンボルとして、「どこにもない関西」という場所が捏造されたわけです。空港自体が「どこでもない場所」に建っているわけですね。

どこでもない環境

きます。

岸――先ほど、空港で暮らす人やホテルについて話をしました。もう少し付け加えておきます。

おそらく現代に生きている相当数の人――特に出張などの多い人――は、住宅とホテルの違いを考えたことがあるのではないかと思います。ますます「どこでもない場所」になっているホテルについて。温度をとってみても、冬であれ夏であれ23−24度にキープされています。省エネが謳われていようが、基本的には変えません。それはホテルというのが、冬なのか夏なのか、また昼か夜かも感じさせない空間を提供する場だからです。震災後の夏の節電時期でさえ、28度あたりに設定してしまったら、それは単にその場所の文脈に従った建物になってしまう。あえてそうしないのが、ホテルのアイデンティティだと思うのです。どんな事件が起きようが、いつも安定した環境やサービスが得られるのがホテルです。それを考えると、ホテルは住宅の理想像のひとつと考えてもいいのではないかと思えるのです。

都市においても自然は感じられるべきだと思い、中庭とか屋上庭園をもった住宅を私は設計してきたわけです。けれども、空港と併行してホテルを考えてみると、――エネルギー問題はあるにしても――理念として、完全に空調や照明がコントロールされたフィックス・ガラスで閉めきられた住空間がなぜいけないのか、と感じ始める。だって、それと似たような環境のなかで、今のビジネスマンは人生の三分の一くらいを暮らしているわ

10.5-1 ブリンクマン&ファン・デル・フルーフト：ファン・ネレ工場、1931
10.5-2 同、屋上部分

けです。それならホテルの一室のような住宅はありえないのかと考えたとき、「あるだろう」と思えるのです。少なくとも、20世紀以降の偽装近代主義の世界に住んでいる私たちは、完全にコントロールされた環境をオプションのひとつとするテクノロジーの方向を選んだわけですよね。構造系と環境系と計画系という建築教育での理念は、安全を提供する構造、快適な環境、機能的な動線計画です。それが近代の目的だったとすると、究極的な人工環境を否定しえない。エネルギー消費にしても、新しい電力源が開発されるとしたら、理念として可能だと思う。それがついに「住宅」のかたちを取りえたときに、私たち現代人としては、それを否定するロジックを持っていないだろうという気がします。たとえホテルの部屋から夜景を眺めていて、ふと1枚のガラスだけで世界が限定されていることに疑問を覚えるにしてもです。

――そこでの岸さんの立ち位置は?

岸　両サイドですね。簡単に「No!」と言うほど、私は教条主義ではない。だけど「Yes」とも言えない。つまり、どちらもをオルタナティブとして忘れてはいけないだろうという感じですね。

それでも、坂村健さんが提唱したTRONプロジェクト[1984-]の世界は、住宅のかたちとして絶対に出てくるでしょう。ひどい大気汚染や放射能の不安といった状況にあっては、完全に人工コントロールされた住宅／集合住宅が可能になったときに、それに

「Ｎｏ！」と言えるだけのロジックをわれわれは持ち得るのか。いやそれは住宅ではない、人間には光や風といった自然が必要だといった教条主義的なロジックが、本当に生き残り得るのか。この疑問に立ち戻る地平が、私の本音に近い。

――ただ、そうした究極に近い環境に長時間・長期間いると、皮膚感覚の喪失から神経系統のバランスが乱れる可能性はあるようですね。感覚的に自然が素晴らしいからではなく、人体の生理面からは何か言えるかもしれません。人間には、暑い寒いも大切だという……。

岸――それは極めてフィジカルなロジックですよね。そうした論点には力があります。情緒や味わいだとか言うより、人間が生物として壊れると言うほうが。それで思い出しましたが、ホテルのゼネラル・マネージャーは一時も自分のホテルを離れられませんから、完全空調の建物内に24時間毎日いるわけですね。ですから、少しでも外に出るとホッとするという話を聞いたことがあります。完璧に心地良いはずの室内環境にいても、すごいストレスが溜まってくる。ホテルは住宅だと言っている私にしても、長いホテル生活を終えて、どうしようもなく寒い京都の自分の家に帰ると、やっぱりホッとするものね。

それでも一概に、そういうホテルのように人工的な空間は良くないと言うのはやめようと思っている。建築の世界では倫理的に、「いや、住まいはそういうものではない」という声があるじゃないですか。そういうことではないだろうという気がしますね。

第11講

インテリア・デザインの居場所

自立した空間としてのインテリア

岸――今なぜインテリアを語るのか。その発端は、最近手がけたオフィスの移転計画にあります。ある会社からオフィス移転、新しく借りるビルの2フロアに移る計画の相談を受けました。設計を始めとする移転プロジェクト全体はゼネコンがやっているのですが、そのデザイン・ディレクターとして私が呼ばれたのです。オフィスの外側を抜きにして内部空間だけを考えるのは、初めての経験でした。そこでオフィスという空間を内部から考えてみると、まずは人間が仕事する空間だから当然ながら窓が必要だ、と思うわけですね。その窓を媒介とする外部とのインターフェイスの空間の問題こそが内部空間の肝ではないか、と。ところが、パソコンを主とする現在のオフィス空間では、窓からの光こそがむしろ邪魔なんですよね。天井照明の計画、人工照明の計画のほうが重要で、直射光があるとオフィス空間そのものが成立しなくなってくることもある。純粋に機能的なデスクワークの空間としては開口など不要なのではないかという議論も出てきます。でもそれは、人間という生物にとっては、あんまりな話ではないか。建築家としては、せめて今が午前か午後くらいかは時間の分かる空間にしたいと思うわけです。確かに、現在のPCを前にしての書類作成やビジネス作業では午前も午後も関係ないし、ましてや画面上でコミュニケートしている相手は、時差のある国の人間で、向こうは夜中だったりする。ですから、私たちが昔学校で習ったオフィス空間の条件が今や成立していないという状況でのインテリア・デザインを新たに考え始めたわけです。そこで私が提案したのは、窓際のゾーンをアメニティやコミュニケーションのための空間とし、デスクワークの空間と外部に開いた開口部とのバッファー・ゾーンとして創ること、障子のような半透明スクリーンとそのバッファー・ゾーンを開口部との間に挟んだオフィス空間でした。そうした縁側とも言える空間を設けて、外部との距離は取りつつも、時間の気配がなんとなくでも分かるようなオフィス空間としたいと思ったのです。

　そうしてみると、どうも私たちは教条主義的に建築空間を考えてきたように思えるのです。空間が連続するなかで、媒介スペースというか中間ゾーンを持ちながら、外部が内部（＝インテリア）に繋がっていくというオプティミスティックなインテリア・デザイン像を持っているのではないか。そのようにして私たちはインテリアを設計してきた。外部と内部を段階的に結びつけていくのが日本の建築の伝統だし、その延長で内部空間を考えてきてはいないか。それは今回のプロジェクトにも当てはまります。しかし同時に、それでは対応しきれないケースが数多くあることにも気づきます。

　その典型がホテルの客室です。数年前にホテルの改装プロジェクトをやったのですが、これは外観とか開口部などとは関係なしに、独立してアメニティの高い内部空間を求めるものでした。ホテルの内部空間では、現在の時間なんか分からないほうがいいわけですよね。時差によって、空港から徹夜明けみたいな状態で到着しても、現地の時間だと夕方だったりする。つまり体内時計と現実の時間がずれてる人のための空間こそがホテルですから、逆に内部と外部のインターフェイスの空間は不要で、むしろ現実の時間を断ち切らなくてはいけない。昼も夜もない空間を造るのがホテルの設計ですよね。それを考えても、どうも私たちが建築側から考えているインテリア・デザインとは異なる状況が生まれつつあるのではないかと思ったわけです。建築の延長としてではないインテリア・デザイン。[11.1,11.2]

そのように独立して考えたインテリア・デザインがビジネスとして成立するのは、どうしても商業空間ということになりますよね。そこで私が思うのが、倉俣史朗(1934-91)さんなのです。倉俣さんが活躍されていた時期は、インテリア・デザインとは何かというイメージが見えていたような気がするんです。しかし氏が亡くなった90年代以降は、インテリア・デザインは本当に成立しているのか、それは商業デザインと言ったほうが早いのではないのか、そんな気がしているのです。そこで倉俣史朗とはいったい誰だったのかを改めて考えたい。そこからさらに、特に日本という文脈のなかでのインテリア・デザインについて考えてみたいと思っています。

——光の必要性を含めて、求められる機能が変わってきているのに、依然として昔ながらのモダニズム的プログラムしか提示されていないということでしょうか。特に90年代後半からのコンピューター社会に対応できていない。外形は容れものだとして割り切れても、そこから続く内部空間の質そのものが変容しつつあるわけですね。

岸——これまでも繰り返し言っていますが、私は90年代の初め頃から、ビルディング・タイプとして住宅と倉庫は同じだと考えています。つまり建築家が設計できるのは外部

11.1-1
岸和郎：京都東急ホテル（2–3階改装）、2008
11.1-2
同、通路

とのインターフェースのところまでだろう、と。倉庫のインターフェイスは単純で、「閉じる」ことですよね。外部からの光や熱を遮断した独自の環境を作る。住宅も同じで、例えば数十年後を考えると、都市的な状況が続きそうなら内部と外部を切るようなインターフェイスを、豊かな自然が保たれそうならばオープンなインターフェイスを、といったところまでは提案しうる。そのときに内部空間をどうするのか。

　ある時期に、住宅におけるプログラム論が交わされました。私が思っていたのは、そうしたプログラム論が本当に有効なのかという疑念でした。それは平面計画が神話性を持っていた時代への名残ではないのか。今現在のプログラムに合わせるよりも、がらんとした内部空間を放り投げておいて、10年くらい経って状況が変化したら、それに合わせて改装すればいいんじゃないか。つまり90年代以降は、インターフェイスだけは建築的な解決をしておいて、あとは時代の要請や機能の変化に応じるというプラグマティックな方向しか残されていないのではないかと思っていました。そう考え始めた時期に倉俣さんが亡くなられたこともあって、インテリア・デザインもまた死滅する時代がきたのかと思ったのです。これは逆に言うと、新しいインテリア・デザインが必要とされる時代になったとも思いますけれどね。建築に従属するのではない自立した空間として、インテリア・デザインが独自のロジックを持って成立しうるような背景が、この頃に生まれてきたのではないかという気がするのです。

機能が変化したら建て直すという長いスクラップ・アンド・ビルドの時代を経て、ようやく新し

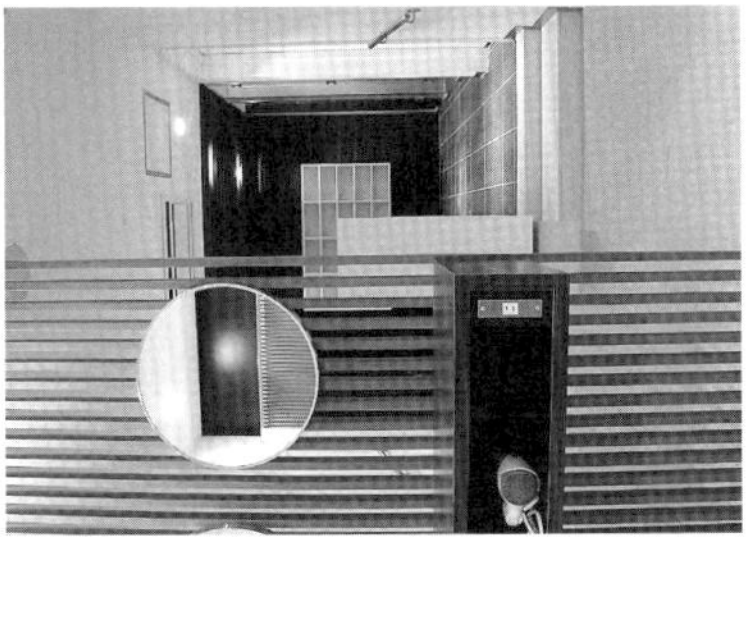

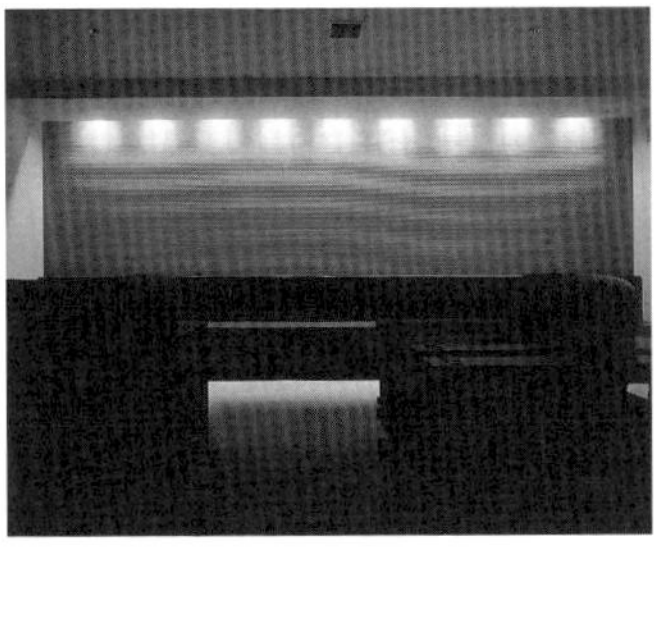

11.2-1
岸和郎：Fitness & Spa Rhino、2007
11.2-2
同、内部

いインテリア像が必要とされる世の中になってきたという感じでしょうか。

60年代のイタリア・デザインに思う

岸――そう考えてくると、改めて60年代のイタリア・デザインが身近に思えてきたんですよ。まずはカルロ・スカルパ[1906-78]がいますよね。基本的に地域に伝わる伝統的な技術を活かしつつ現代化した工法で作る空間。なおかつ、金属、木、土といった素材の持つ物性を主張した空間を作りましたよね。そこでは建築との連続性も成立しているし、歴史との連続性すら成立している。特にカステルヴェッキオ美術館［1964］など、既存の建物とスカルパのデザインの境目が分からない空間ができている。これは、インテリア・デザインが幸せだった時代なのかなとも思えますね。

　私が90年代との比較で重要に思う建築家／デザイナーに、例えばジョエ・コロンボ[1930-71]がいます。コロンボのインテリア・デザインでは、プラスティックの皮膜を持ったカプセル――本人はカプセルとは呼びませんけれど――を仮設的に古い建築のなかに挿入することによって、時代の要請に出会うようにする。その形態や機能を提案したデザインも重要だけれども、それよりもコロンボがイタリア的現実のなかで考えたプラスティック皮膜の挿入という試みに惹かれるわけです。それは60年代にはイタリアの歴史と現代を調停するものとしての皮膜だったのですが、それを90年代的に捉え直すこと。インテリア・デザインを成立させるためのツールとしての皮膜と考えると、そのコロンボが新しく見えてきたのです。

さらに同じ頃だと、アッキーレ・カスティリオーニ(1918-2002)も新鮮に思えた。既存のストラクチャーに、布と光による新しいストラクチャーを挿入するんです。フライ・オットー(1925-2015)のように都市のなかに布で新しい場を造るといった英雄的な感じではなくて、カスティリオーニは既存の建築空間に、ふわっと布を挿入するだけで空間の様相を変えてしまう。また例えば、天井まである巨大な漏斗型の照明器具のような提案だったりもする。それはコロンボのプラスティック皮膜とも違います。もうひとつカスティリオーニのアドホックな傾向としては、天井と床にワイヤーを張って自動車のヘッドライトを空中に浮かべ、その重しに剥き出しの変圧器を使うという照明器具の傑作もあります。

このように、既定条件はしっかりと引き受けて、そこに何か思いもかけない物体を挿入することによって空間の様相をガラッと変えるデザイン。この手法は、改めて面白いと思う。なぜ「改めて」と言うかというと、カスティリオーニ的あるいはコロンボ的な空間が60年代のイタリアにあったとして、先ほどの倉俣さんの意味は何だったかを考えてみるからです。おそらく倉俣さんも彼らには敬意を持っていたと思いますが、シロー・クラマタはさらにそれを美学方向にデザイン展開していった。美学方向とは、例えばプラスティックの壁ではなくて、白くて抽象的な素材感の分からない壁にシフトさせていく。または、単に布や照明器具を使うのではなくて、より抽象的な次元、つまり不整形に引っ張った布やロープのようであるけれども実はプラスティックだといったトリックが仕組まれる。どんどん抽象化していって、インテリア・デザインをひとつのアブストラクト・デザインの領域として獲得したわけです。物質性を極めて希薄にすることで、抽象の極としてのデザインが成立する。それが建築のなかに、極めてリアルな宝石箱さながら、抽象的で小さい固形物のようなインテリア・デザインとして挿入される。倉俣さんがすごいのは、それを完全な抽象空間にはしなくて、かすかな物質性が最後の最後まで残るところだと思います。「ミス・ブランチ」［1988］という椅子でも、アクリルのなかにバラの花が浮いているわけですが、そのバラは本物ではなくて造花なんですよね。つまり、抽象化からミニマライズを経て空間を変容させていく。そこには極めて希薄な物質感だったり、ある種の可愛らしさや官能性をそっと入れこんでくるのが、倉俣さんのデザインだったのだろうと思います。

　ここで言いたかったのは、建築空間の在り様が変わってしまった90年代以降では、もう一度、カスティリオーニやコロンボのような60年代のイタリア・デザインに戻ってみる、さらにスカルパまで先祖帰りしてみることを考えるのもいいのかなということです。もちろん倉俣さんのことも考える。そうしないと、インテリア・デザインの自立性や将来的な可能性が見えてこないのではないかと思うのです。それが見えてこないと、単なる商業デザインになってしまう。別に商業デザインが悪いわけではなく、2－3年だけ存在して消えていくのも潔いと思います。私自身は、建築家としては例外的にインテリア・デザインを数多くやってきているほうだと思います。あるブランドのショップ展開で年間7－8件のインテリア・デザインをやった時代もあるので、そうした世界も、商業デザインの面白さもよく知っている。社会の大きな流れのなかに仮説的に浮かび上がるだけの商業デザインも決して悪くはない。しかし、「倉俣以降」を引き受けるインテリア・デザインの在り方もまた、きちんと考えておくべきだと思うんですね。[11.3]

11.3-1 岸和郎：VIA BUS STOP in Namba’1998

11.3-2 岸和郎：VIA BUS STOP in Otaru’1999

商業デザインという立ち位置

――インテリア・デザインは、一般的な建築設計にまして資本主義経済に密着した分野ですよね。

岸――当たり前のことですが、インテリア・デザインという世界はコマーシャリズムとともに存在するわけです。いわゆる「インテリアのデザイン」――ここでは住宅は外しておきます――ですよ。その商業の世界そのものも、ブランド・ビジネスから、ユニクロやMUJIに変わりましたよね。そうした匿名性のデザインが主流になってくると、それとともにインテリア・デザインもシフトしていく。ですから、インテリア・デザインを作品として、作家性を持ったデザイナー個人のもとに送り届けることができた幸せな時代、言うまでもなく、倉俣さんの時代のことですが、それが戻ってくるとは思わない。それでも、極めて低次元なインテリア・デザインに関する物言い――誰々のデザインだと客が来る、あるいは逆に、繁盛するのは商品の魅力であって店舗は関係ない、というようなクリシェ――だけで、インテリア・デザインそのものを切って捨てるのは嫌な気がする。つまり、古くさい「作品性」でも「ビジネスのロジック」でもなしに、きちんとインテリア・デザインの世界を定義できるといいなと思うのです。

――それでも商業的なインテリアとなると、空間的な付加価値は無視できませんよね。おそらく先ほどの60年代のイタリア・デザインとも関係すると思いますが、どのあたりに設計者/デザイナーは接点を見出せばいいのか。例えば、建築に関わる私たちが素晴らしいと思うインテリアが商業価値的には否定される、逆に、凡庸と見えるデザインが評価されるといった状況……。

岸――80年代、倉俣さんがデザインした店舗は続かないと言われていました。確かに、見る間もなく消えていった店もあった。だけど当時、商業的な空間をデザインするという意味でのインテリア・デザインの世界には緊張感があったのです。かたや売り上げ成績、かたや売り上げに第一義的な価値を置かないデザイナーとの鬩ぎ合いがあった。インテリア・デザイナーにしてみると、売り上げを落とそうとは思っていないけれども、自分は自分でやりたいという思いがある。そこが自前で作品を作るアーティストとの大きな違いです。自分とはまるで違う意図を持った人とともに何かを作りあげる。そういう意味では建築設計と同じです。古くさい言い方で恐縮ですが、80年代のインテリア・デザイナーは作品性を意識していたと思います。でも倉俣さんはそれとは、そうした手あかのついた文脈とは少し違った場所に居たと思います。「作品」という言い方の持つある種の胡散臭さと無意味さに気づいていらしたようで、作品集のタイトルも『倉俣史朗の仕事』とされた。倉俣さんは自分の仕事を「作品」とは呼ばなかったのです。「これは仕事です、ビジネスです」と話されていた。でも、その彼方には、自分は自分で実現したい――布を空中に浮遊させるなどの――思いを持っておられた。そうした緊張感があったにしても、おそらく当時の商業資本には、自分とは違うベクトルを持った人と協働できる余裕があったということなのかなと思いますね。今ほど切羽詰まっていなかったのかもしれない。このデザイナー対クライアントの構造は、建築と同じですよね。でもいつからか建築でも、そしてインテリア・デザインでも、その両者の立ち位置が曖昧になってしまった。

このインテリア・デザインという言葉もまた曖昧なんですね。家具デザイン、オブジェクト・デザイン、プロダクト・デザインなどはそれぞれ独立して成立するし、理解しやすい。それらを統合して呼ぶのがインテリア・デザインという呼び名ですが、何をデザインするのがインテリア・デザインなのか、もうひとつはっきりしない。それは結局のところ、「建築とは何か」というポレミックと密接に結びついている。インテリア・デザインの勝負どころは、オブジェクトじゃなくてヴォイドですよね。それは建築と同じなんです。つまり形態ではなくて、「空間」と呼ばれるヴォイド=空白の部分が重要になってくる。それを建築よりもピュアなかたちで引き受ける、あるいは引き受けざるを得ないのがインテリア・デザインですから、皮肉な言い方をすると、もっとも建築的なデザインこそがインテリア・デザインなのだ、と言ってもいいかもしれません。だからこそ、この時代において存続が難しく、見えにくくなってきたのではないでしょうか。

建築でも、「流線型で格好いい」という表現はオブジェクトを意味しますよね。それは解りやすいのですが、建築空間そのものの話、ヴォイドに関する議論もまた、最近ほとんど聞こえてこない。それに合わせたように、インテリア・デザインについても話されなくなったような気がしてならない。

インテリア・デザインとは建築の写し絵であって、やはり空間という2文字、あるいは「ヴォイド」、をどう作るかに尽きるのではないかと私自身は思っています。インテリア・デザインが解らなくなってきたというのは、それはそのまま建築に返ってくる言葉であって、建築自体が、何が何だか解らなくなっていないか。妙な形態をしたオブジェクトが建築なのか、というロジックに戻ってくるのではないか。

インテリアを語る文脈

――ひとつ気になるのは、日本語で「インテリア」という場合に、西欧と同じ文脈上で使ってもいいのかということです。つまり日本にはインテリアという概念が希薄だったように思うのです。日本の建築は内部から外部へと連続していき、西欧では外部と内部が別物である歴史を辿ってきたように思うのです。

岸――そうですね。フィレンツェのサン・ロレンツォ教会は、ブルネッレスキによるインテリアは16世紀に完成しましたが、ファサードは未完のままですしね。アルベルティの教会にしても、ファサードだけの設計だったりしますからね。極端な話、グロッタというインテリアしかない建築空間も造られました。

ただ私は、日本にも内部空間の意識はかすかに芽生えていたような気がしてならないんです。その例に私がよく挙げるのは、西本願寺の対面所です。日本建築には内部がない、あるいは全部が外部という感じですよね。ところが西本願寺の対面所は、日本には稀な列柱のあるシンメトリーな軸空間が成立しているのです。さらにその奥には上段の間があって、右側で意図的に破綻をきたすような空間展開がなされている。つまり、シンメトリーとアシンメトリーが意識された空間なのです。それを見ていると、書院の成立とともに内部空間という意識は生まれたのではないかという気がします。

もうひとつは茶室ですね。茶室は基本的には内部空間しかない建築と言ってもいいですから、西欧的にはグロッタの空間のようだとも言えます。茶室には実際のところ窓がいらないわけです。景色が見える必要はなくて、光だけが欲しい位置にふっと入ってくればいい。そういう意味では、内部だけの空間ですよね。大雑把に言うと、そうした建築の内部空間への意識は、西欧も日本も同じような時期に生まれたように思えてなりません。

まったくの私見ですが、ふと思うのは、ル・トルネとかセナンクといったシトー会修道院のロマネスク空間なんです。素晴らしいし大好きなんですが、あれは空間として意識されて造られたわけではない、日常的な、極めてフィジカルな作業の彼方に、建築の神が気まぐれに姿を見せてくれたのではないか、そうした人間の気も遠くなるような肉体的な営為へのちょっとしたお返しとして空間が出現した、と考えてしまうわけです。つまり意図的に、建築家の意図の反映としての空間性が成立するのはルネサンス以降なのではないかなという気がする。そうすると、日本のルネサンス以降に成立した茶室の空間性も説明できるかな、と。もちろん、なんの確証もありませんけど……。

——空間自体は元からあったけれど、その空間性が意識的であったかどうかということですよね。少し極端な話ですが、秀吉が命じて造らせた「黄金の茶室」に空間性を見られますか。時代的にもルネサンス末期の作品だし。

岸――MOA美術館に復原された「黄金の茶室」を見て、茶道の木村宗慎さんと話をしたことがありますよ。私は「あれはいいよね」と言った覚えがあります。要するに、かすかに入る光が反射・反転を繰り返していく空間ですね。目を細めて光の無い状態を想像してみると、そのすごみが伝わってきました。つまり「黄金の茶室」が機能するときは、金色に見えるかどうかは分からないわけです。微妙な光に揺らめくような状態の空間を作りたかったのではないかという気がするんですよ。

――それは建築のデザインというよりも、イベントやパフォーマンスのための舞台セットとして捉えたほうが分かりやすいように思えますが、いかがでしょう。

岸――誰のための、何のための舞台セットかが重要だと思うんですよね。あの、「黄金の茶室」は、たった1人のために存在する空間でしょう。2人以上であの空間を共有するというのは、あり得ない感じがする。

数年前になりますが、私は銀座でライカのショップ・インテリアを手掛けました。これをケース・スタディしてみます。特に日本の場合、ライカはカメラ・マニアの対象になっていて、その中高年の男性が主たるマーケットになっています。そのためショップのイメージは、クラシックなカメラがウインドウに山ほど並んでいる風景です。日本初の旗艦店だったのですが、これを私は舞台セットとして考えました。現在はデジタルカメラの時代です。ライカのMシリーズを見たいマニアのためのショップではなく、銀座で働いていたり、ショッピングに来ているような若い女性のための舞台セット。つまり、普通にブティックに入るようにデジカメを買っていくようなショップなのです。もちろんライカとしては客単価が落ちますよね。しかし数十万円のカメラから数万円のデジカメを売る時代がきたわけですから、ライカは方針を大きく変えて、普通の人たちが立ち寄れる場所にしたいという話があったのです。そこで私は、高級カメラを売るためのデザインではなく、銀座をショッピングしている人たちのための舞台セットを造ろうと思ったのです。街を歩きながらカメラ店に入り、上階の写真ギャラリーを覗き、また店を出て行く。まさに都市の舞台装置なのですが、そこで重要なのが誰のために店を造るのかという点です。普通の商業建築では、買う意思を持っている客のために造りますよね。でもライカのショップは、すぐにカメラを買わなくてもよくて、特に若い女性がふらっと立ち寄ってくれればいい。そういう人のための舞台セットだったのです。もちろん「ドンキホーテ」も、あの溢れるような商品で演出された通路も舞台セットと言えますが、安い何かがほしい人のための装置ですから、そもそものターゲットが異なるのですね。[11.4]

――カルロ・スカルパのオリヴェッティ・ショールーム[1958]を思い浮かべますね。別にタイプライターを買わなくてもいい空間。

岸――あれは絶妙ですよね。サンマルコ広場のコリドールから引きずり込まれるような感じとか。サンマルコ広場と一体となって成立しているんですよね。

——スカルパの作品群もそうですが、特にヨーロッパの古い建物の改修や改装を見ていると、インテリアを包み込む躯体の重要性も感じますね。これこそ日本とは状況が違うように思えます。

岸——建築だと敷地図や都市計画法・建築基準法というかたちで与件が付随してきますが、インテリアだけの場合は敷地図ではなく躯体形状が与えられます。その躯体形状が、ヨーロッパと日本では全然違うんだから、ずるい感じがする。ヒットの確率は高いもの（笑）。

11.4-1 岸和郎：ライカ銀座店、2006
11.4-2 同、内部

――石や煉瓦で組み上げてきたヨーロッパに対して、日本は木造文化の国ですからね。

岸――資源としての躯体がね。日本でも古い木造建築を意図的にビジネスに結びつけようとする動きがあります。例えば、京都の町家ビジネスです。町家のストラクチャーは、本来だと100年も保てば十分なくらいに脆弱なのですよ。そこに歴史的価値があるように見せかけて、現代に生き残らせようとしている。これはヨーロッパ的な建築リノベーションという文脈を偽装しているわけですよね。重要な梁を外すなど、構造的に危なそうな改装が見られる。雰囲気だけを重視するあまり、本当に怖いことが起きているという現実があります。まさにビジネスです。

決定的なのは、100年も経った木造の町屋だと、基礎の部分が腐っているんですよ。そこで下半分の柱を切り落とし、新しい柱に差し替えて古色を付けるという現代のテクニックを使うわけですね。それは何って感じでしょう？　死んだ建物を生きているように見せかけているだけ。そんなリミックスなんて、自己矛盾ですよね。それは気持ちの悪い話。

――サイボーグですよね。少しずつ人工臓器に取り替えていく。

岸――それで新しくなった身体は人間と呼べるのか。そんな状況に今の京都の町家は置かれているんです。

生き残るモダン・デザイン

岸 こうしたインテリア・デザインの話をしていて思うのは、今の普通の人にとって、建築の内部空間がどのように意識されているのかなということです。

ここ数年、私はK-POPにはまっているんです。その古くささがいい。彼らが戦略ターゲットとしているであろう60年代のリズム&ブルースの時代に、私たちの世代は青春を過ごしたのです。だから戦略に乗りやすいし、単純で分かりやすい……。余談はともかく、そのK-POPのミュージック・ヴィデオ（MV）のなかにモダン・デザインが生き残っているのですよ。例えば2PMの「I'll Be Back」という曲のMVは、ミース・ファン・デル・ローエなのです。真っ黒な画面にミース的空間が浮かび上がって、そのなかでダンスをする。それを見たとき思わず、「あ、シカゴだ！」と。場所のコンテクストを離れ、黒く抽象化されたMV映像に浮遊するモダン・デザインの空間に強烈なリアリティを感じました。同じく2PMの「Heartbeat」という曲のMVはデコンなんです（笑）。グネッと柱が曲がり、天井もノン・フラットな空間。これを深読みすると、どう見ても9・11以降、そんな世界に思えるようなスペースなんですね。

そうした映像を見ていると、光が人工か自然かなどは関係ないんですよ。なにしろ特定しがたい方向から光が入ってくるということが重要なのです。それは先ほどの「黄金の茶室」と同じですよ。光は必要なんです、暗いと見えませんからね。必要なのですが、その光は自然でも人工でも、方向も上下左右どこから来ても関係ない。このように内部だけで自立する空間が、黒い抽象的な宇宙に浮いているというのは、モダン・デザインの行き着く先だと思いつつ、２ＰＭの「I'll Be Back」のＭＶを見ているわけですね（笑）。

――行き着く先であり、原点なのでしょうか。

岸　そう思いますね。でもね、インテリア・デザインの世界は建築家にとっては実際に難しいんですよ。もう10年くらい前だと思いますが、香港のジョルジオ・アルマーニのショップ・インテリアをマッシミリアーノ・フクサス《1944-》がやっていた。これが、時代が止まったようなー９８０年代的なインテリアだったのです。白い空間に艶っぽい花がふわっと浮いているきれいなインテリアなんですが、フクサスにしても出口が見つからなかったのかという感じがした。アルマーニというブランドに合わせて保守的なラインを狙ったのでしょうが、それにしても20年前、30年前のものに見えた。嫌いなデザインではないのですが、少し悲しかったな。完全にミニマリズムの空間になっていた。［11.5］

――ジョン・ポーソン《1949-》とも違う感じですか？

岸　ポーソンのミニマリズムは、本当に何もないじゃないですか。でもフクサスの場合は、ミニマルな空間を作っておいて、そこにオブジェクトを突っ込んでしまうわけですよ。

11.5　フクサス：香港のアルマーニ・ショップ

——ずっと同じポーソンは古く感じないけれど、フクサスのミニマリズムは古く感じたということですか?

岸——そうです。あそこまで行ったポーソンは、もうアナクロニズムを通りこしている。同じ場所に立ち止まって足踏みしてるわけです。それは強いですよ。前には行かないよ、でも後ろにも下がらないし、右にも左にもブレないよ、と。

——「同じで何が悪い!」って言われると、突っ込みようがありませんしね。

岸——私もそんな強さが持てればなぁと思いますもの。

少し左にズレてみようとか、前に出てみようとかは駄目なんだ。それはポーソンから学びますね。そこで少し前に出ようとして失敗したのがフクサスなんだなという気がした。商業的にも失敗作ではない上等な仕事なのですが、そこに何か自分のインテリア・デザインを見るようで嫌だったのですよ。立ち止まっていればいいのに、ちょっと動こうとする自分を……(笑)。

第12講

建築写真の行方

本講では写真をテーマとして挙げた。建築を第三者に伝えるメディアの状況が大きく変化してきているように思える。特に21世紀に入ってから、それまでの建築写真を牽引してきた方々の物故が相次ぎ、その時を合わせるかのように、アナログからデジタルへ、静止画から動画へというドラスティックな転換も進んできている。

ある時代の終焉

岸――2004年にエズラ・ストーラー（1915年生まれ）、2009年にジュリアス・シュルマン（1910年生まれ）、2012年に石元泰博氏（1921年生まれ）、そして2013年の3月に二川幸夫氏（1932年生まれ）が亡くなられました。特に、二川さんの訃報はショックでした。汐留のパナソニック・ミュージアムで「日本の民家一九五五年」（2013年1月12日－3月24日）を見てすぐでしたからね。二川さんは以前、「自分は写真家ではないから、写真展はやらない」と話されていたので、どうしたのかなと思い、見に行ったのです。それは東京に珍しく大雪が降った日で、見たこともないような汐留の風景でした。高層ビルが立ち並んでいる汐留で雪の降る風景を眺めていると、なぜかシカゴの街のように見えてきたのです。『シカゴ、シカゴ』という石元泰博さんの写真集があったよな、とか。そうした連想をしながら会場に行ったことを、はっきりと覚えています。そこには研究室の助教を連れて行ったのですが、私は傲慢にも、彼に二川写真の解説をしたんです。もちろん撮影の仕方などではなくて、写真をどう読むかという話です。「写真を読む」という意味では、石元さんやストーラーも「読める写真」です。そんなことを考えながら、その日に行われた講演を聞きに行ったのです。ただ、そこには私の見知った建築家が少なかった。私など最優先スケジュールとして京都から馳せ参じたのに。なぜ皆さんはいないのだろうと、帰ってからも考えていた矢先の訃報。私はこれで、ある写真の時代が本当に終わったんだなと思いましたね。

今回、特に建築写真について考えなければと思ったのは、そうした時代の終わりということだと思います。そして、どのような時代が始まろうとしているか。それをシンボリックで簡単な言い方をすると、おそらくは「YouTube」の時代なのだろうと思えるわけです。誰でも投稿できるムービー。どこかドキュメンタリー的な色合いが強く、どこの誰でも撮れますというようなムービーや音楽のMV、過去のTV番組などが大量に投稿されていて、誰でもがアクセスできる。コピーライトなんか関係ないという時代。それはそれでひとつの方向として了解可能にも思えるのですが、ここで少し立ち止まって、「写真」とは何なのかを考えてみたいなと思ったわけです。

私にはずっと気になっていた写真家が4人います。それが最初に挙げたエズラ・ストーラー、ジュリアス・シュルマン、石元泰博、二川幸夫の各氏です。まずは彼らの印象に残った写真について、少しコメントしながら整理してみようと思います。

石元さんは、もちろん『シカゴ、シカゴ』[1969]が印象的なのですが、建築という世界との関わりで言うと、やはり『桂』[1960／文＝丹下健三、ヴァルター・グロピウス]ですよね。この写真集は、写真の持つ力を世界に示したと思っています。石元さんは桂離宮から屋根を取り外した——つまり、桂を近代主義的に切り取ったわけです。それは、現実の桂離宮と写真家が切り取った桂が、いかに異なり、いかに写真というメディアが力を持つかを思い知らせてくれた出来事だと思うんです。悲しいかな建築は動かないので、見たければ実際に行かなくてはならない。それを補助するのが写真だった。しかし、本人が足を運ばずに写真家の手のみを経て建築のイメージが伝えられるとするなら、建物を設計した人の営為の上に写真家の営為が重なってくることになる。だから面白いことが起きる。それを教えてくれたのが石元泰博の『桂』だった。

次にエズラ・ストーラーです。当然ながら建築にとって光はすごく重要なのですが、さらにストーラーは写真でしか捉えきれない「その一瞬」の存在を教えてくれたと思うのです。実際にはありえないような光の状態が写真に出現している。例えば夕暮れに訪れるガラスが消滅したかのような一瞬。内部の光と外部の光が同じ強さになると、建物の外壁が消滅してしまう瞬間があることを教えてくれた。それは写真だけが捉えることのできる建築の束の間の表情でしかなくて、そうした限りなく稀な風景もまた建築の姿だということを、ストーラーの写真は見せてくれたと思っています。私にとってストーラーは、光の写真家なのですね。

ジュリアス・シュルマンは、ピエール・コーニッグ設計のケース・スタディ・ハウス［CSH#22, 1959］の写真で有名ですね。光という観点から言うと、シュルマンの写真はストーラーほど昼と夜の間のマジック・モーメントを意識している感じではない。付加的なライティングを使ったり、時には建築家をフレーム内に入れたり、カメラマンの作為を隠そうとしていない。むしろ時代を作る写真というか、ある時代を象徴する1枚を建築写真が作りうる

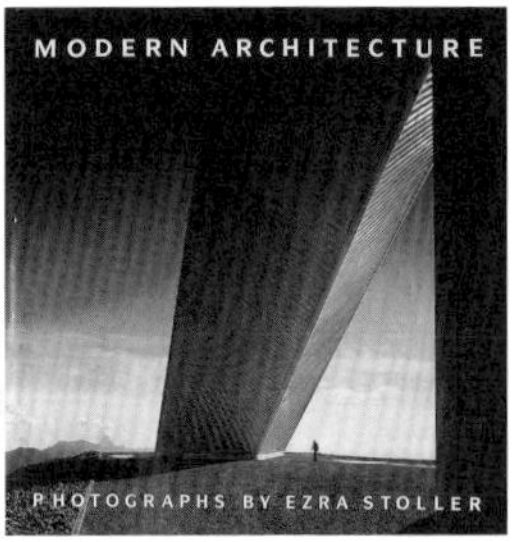

12.1
ストーラー：『Modern Architecture: Photographs by Ezra Stoller』Harry N. Abrams, New York 1990

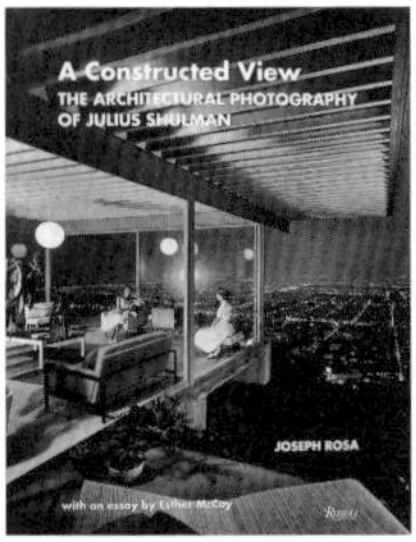

12.2
シュルマン：『A Constructed View: The Architectural Photography of Julius Shulman』Joseph Rossa, Rizzoli International, New York 2004

ことを見せてくれたという気がするんですよ。たった1枚の写真がケース・スタディ・ハウス#22を有名にして、その結果そのCSH#22が例えばハリウッド映画の舞台になったり、ポップソングのMVの背景に使われたりした。こうした力も写真にはあることをシュルマンは教えてくれたと思うのです。

二川さんの写真は、一般的には正面攻撃で誰でも撮れそうな――撮れないけど――写真という言い方をする人がいますよね。初めてお目に掛かったのは20年くらい前になるでしょうか。その当時、『フランク・ロイド・ライト全集』に載っていたオークパークのハートレー邸の写真について聞いたことがあります。写真自体は正対の位置から撮られていますが、庇の影が信じられないほど微妙な位置に落ちていたのです。このファサードには、この位置しかないみたいな。こんなふうに光が落ちる瞬間に出会えるのか。ストーラーとは全然違う光の瞬間なんですよ。普通のようでいて、全然普通じゃない光。そのことを生意気にも聞いたところ、「何を言ってるんだ、その光を待つために俺は3年通った」と言われてしまった。私は思わず「なるほど」（笑）。いろいろと教えていただきました。ファーンズワース邸を無許可で撮影していたら鉄砲で撃たれたとか、ある種の神話性を二川さんは意識的に写真に背負わせていたように思います。もちろん写真そのものが、その神話性を背負うのに十分な力を備えていたからですけどね。

こうした4人の方々は、それぞれ違ったかたちで建築写真の世界を揺り動かしてきたと思います。建築を伝えるのが図面と写真と原稿だとすると、その写真とは何かを私は考えてきました。そうした延長上に、例えばドイツ系の写真家たち、ベッヒャー夫

12.3 二川幸夫：新版『日本の民家』A.D.A. Edita Tokyo, Tokyo 1980

妻（ベルント《1931-2007》とヒラ《1934-》）以降のアンドレアス・グルスキー《1955-》やカンディダ・ヘーファー《1944-》などに興味が動いたわけです。そのグルスキーやヘーファー、またトーマス・ルフ《1958-》などは建築を題材にすることが多いわけですけど、彼らが建築をどう切り取るかという目線のありようは、先ほどの4人の方々とはまったく異なっている。そこが面白いですね。

静止画から動画へ

──一般的に建築写真家と言われる方々は、仕事として依頼を受けて撮影するわけですよね──二川さんは例外として。ですが、グルスキーなどの動機は建築写真家とは違う。彼らは写真家として、建築を撮影素材に選択しているということですよね。そこから感じられる写真の違いは、非常に興味深いものがあります。

いずれにせよ建築が素材になるわけですが、逆に岸さんは設計した建築を撮影されるという立場にいるわけですね。

岸──私にとって、どなたかに竣工写真を撮ってもらう意味とは、自分が気づいていない視点を提供してほしいということにつきます。例えば屋根をカットした石元泰博の桂離宮のような思いもかけない写真の出現によって自分の建築の違う面が見つかり、それが次のステップに繋がると思っているのです。もちろん依頼して撮ってもらう写真なのですが、私がいいと思うカットだけでは面白くない。「こんなふうに見えるの!? あ、そうか」

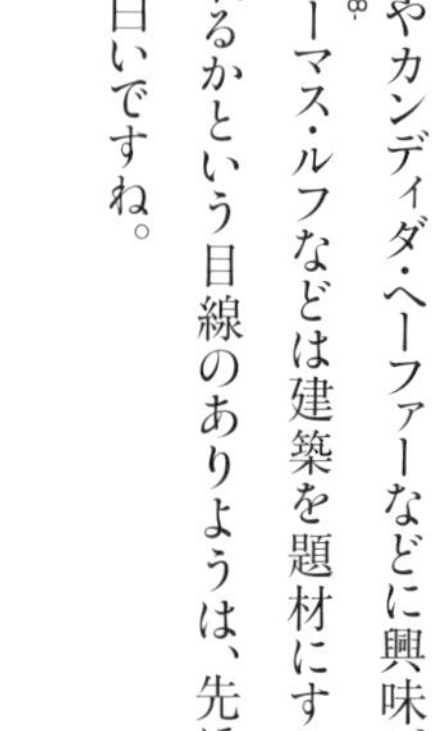

12.4
ヘーファー：『Candida Höfer: Architecture of Absence』Aperture, New York 2004

と、驚きたい。それには私の建築に力があるかどうかが問題です。設計者が思ったとおりに造れていないのなら、写真家が思わぬ発見をすることもない。建築に力があればこそ、別の見方が期待できるわけですね。私にとって建築写真は、そのように機能してるんですよ。自分で撮った竣工写真とは違うカットが出てくれないかと、常に思っている。かつては「こんなカットもあるよね」とか、写真家と打ち合わせしてたんですよ。でもやりすぎて、ついに写真家——平井広行さんでしたが——がイライラしてきて、「あなたが写真を撮れるのは分かったから、もう何も言うなよ！」と怒られてしまった。「はーい。すいませーん」と、（笑）。とにかく写真家に口出しするのは、20年くらい前にやめました。

——「じゃあ、おまえ自分で撮れ」と言ってカメラを置いて立ち去ったという二川伝説もありますからね。

岸——あぶなかったー（笑）。

それでも、そうした写真の時代も変わってきましたよね。デジタル化から、さらにムービーが一般標準になってきた。静止画像の価値はもちろん、コピーライトの意味も変わってきたように思えます。YouTubeなんか、実質的にはコピーライト・フリーみたいになっていますからね。

そうした趨勢にあって、静止画の魅力を改めて教えてくれたのが、先ほど話に出したグルスキーやルフたちではないかと思っていたのです。それで10年くらい前から、彼

12.5 グルスキー：『Andreas Gursky』The Museum of Modern Art in assosiation with Harry N. Abrams, New York 2001

らの写真に興味を持ったわけです。アメリカだとリチャード・ミスラッチ《1949-》ですね。彼らの写真は、一見すると8×10くらいの大型カメラで撮ったように見えるんです。しかし、妙なことに隅から隅までピントが合っています。つまり明らかにデジタル処理をしている。これはアナログの大型カメラらしい装いを、デジタルが保証しているということですね。こうした大判カメラ＋デジタル処理された最近のドイツ写真が逆に、静止画像＝スティールとしての建築写真の意味合いを問い直してくれているように思うんですね。YouTubeだけではないんだよ、と。

――動く動かないの前にも、写真にはカラーかモノクロかという古くからの対立概念もありますよね。岸さんは、どちら派ですか？

岸　保守派を気取ると、写真はモノクロだと思いますね。プロセスからしても、モノクロ写真は自分の側に引き寄せられる。カラー写真は――多少の指示はできるにしても――基本的にラボまかせですよね。つまりモノクロ写真のほうが、撮影者の作為が入りやすいものだと思うのです。そのため、本来はありえないような写真が出てくるときがある。

――そこが建築写真が持つ二面性ですよね。建築を伝えるとなると、カラーのほうが遥かに情報量が多いわけです。しかし写真の作品性ということになると、逆に情報を削いだほうが、美的感覚に強く訴えかけてくる場合も多かったりする。

岸――「写真性」とは何か、ですね。今の時代にモノクロ写真が印刷媒体に載るというのも、ある種の矛盾ですからね。

　建築写真はまた別の話ですが、いわゆる芸術としてのモノクロ写真は、オリジナル・プリントとして完全にタブロー化されてきています。実は私は、それが写真の力を奪っているような気がするんですよ。例えば、オリジナル・プリントとして１００枚だけ焼いて、そのネガを破棄する。限られた数のプリントしか存在しない状態にして、芸術作品としての価値を固定化する。それは写真というメディアが、自分で自分の首を絞めているように思える。芸術作品を偽装しないほうがいいのではないか、と。そうなると、写真における「写真性」は、先ほどから批判めいて言っているYouTubeなどのほうに生き残っていくのかなという気がするのです。

　沢木耕太郎《1947-》の新しい本『キャパの十字架』［2013］を読んで思ったことがあります。ロバート・キャパ《1913-54》がスペイン内乱で撮影した有名な写真「崩れ落ちる兵士」は、実際には戦場ではなく演習時に撮られたもの――撮影者そのものもキャパのパートナーだった。ですから兵士は死んではいなかったというドキュメンタリーです。その事実を『ライフ』誌が知ってか知らずか、とにかく写真とキャプションの掲載によって世界中に認知されたわけです。メディアとしての写真は、そうした誤謬が起こりうる世界なんですね。ハイエンドな芸術的な側面とは逆の話です。現実を切り取るためのツールとして写真を

——キャパ的な誤解も含めて——「真を写す」ものとして考えると、それを引き継いでいる危うさに満ちたメディアこそが、YouTubeではないかという気がする。だから強いんですね。コピーライトも気にしない、美しくもない投稿動画。しかし、そこには19世紀に誕生した写真というメディアが本来的に持っていた力があるような気がします。

建築から建築的事象へ

——さらにデジタルの時代になると、事実関係だけでなくて写真自体が加工・捏造できるわけですね。それは建築に対しても大きな影響を与えていると思うのです。フォトショップによって削除・追加などの修正をする。リアルとヴァーチャルの境界が消えていく。

岸——私自身のことで話してみます。ひとつ中国で香港のグラフィック・デザイナーと共同したプロジェクトがあります。完成したのですが、施工的には問題があった。その竣工写真を見て、私は驚いたのです。美しい。共同したグラフィック・デザイナーが、すべてフォトショップで修正したんですよ。それを香港のあるデザイン賞に彼が応募したところ、ゴールドメダルを獲ってしまった。現地審査がなくて、画像だけで判断される賞でした。もちろん私は修正部分は知っていますが、画像だけでは絶対に分からないですよ。これはデジタル時代を象徴する典型的な話ですね。でも考えてみると、その加工された写真は私たちが造ろうと努力した姿そのものなんです。それは現実の中国における施工技術の問題を脇に置けば、私たちにとっては「真実」だとも言える画像なのです。

中国のCG技術はすごくて、実物の写真かと思えるくらいクオリティが高い。突き詰めれば、本当は存在しないプロジェクトの写真をCGで作成して、図面とテキストを添付してエントリーしたら、大きな賞を獲れる可能性があるわけです。現地審査がなければね。そうなると、現実に存在する建築と、ヴァーチャルな映像・画像のなかにしか存在しない建築と、何が違うのかという問題が起こる。特に中国は広いし、さらに奥地だったら、どちらにせよ現場には行けないわけですよ。そうした場所に完成していると言われたときに、建築空間の何が問われるのかという話になってきますよね。つまり完成したか否かを仮に些少な問題だとして考えると、竣工写真と仮想のCGとの差異とは何なのだろうと思うのです。そこには確かに施工は存在しないので、工事における人的なストラグルなどを巡る神話性は皆無です。しかし、実際の建物と限りなく同じ——あるいは、それ以上の——ビジュアルがあるわけです。もはや、どこに建築の本質を見るのかと思いますね。先ほどの私たちの例のように、施工の質が低くて図面どおりに実現できなかった部分を修正するのと、まったく架空のCGとの違いは何だろうと思うのです。さらに言えば、まったく修正をしていない竣工写真をそのなかに加えるならば、それら三者はどれほど違うのかと思ってしまいます。

——現実味が十分にある状況ですよね。敷地が奥地でなくとも、オーナーが取材を許さないような物件でもあり得ることだし。編集サイドで怖いのは、実在を確かめようのない作品が世界中の建築雑誌に載る可能性が否定できないことですね。

岸――知らないだけで、もうすでに掲載されてるかもしれない（笑）。

だからもう、先ほどから言っているYouTube的価値感をOKとしてしまってはどうか。実在か架空かにかかわらず、画像として存在していれば、そこに着地点があると言い切ってしまう。画像さえ存在していれば受賞も雑誌掲載もOKという選択は、実は最も現代的な立ち位置のような気がしているんです。そこでは妙に倫理的な判断基準を作って峻別などしない。だって、もはや旧来の芸術的価値観には戻れないんだから。

ストーラーの写真でも、明らかに補助光を使っているような写真があります。それを認めておいて、デジタル補正が悪いなんて言えないですよ。だから少なくとも画像として存在しているものは――それを「建築」と呼ぶのかどうかは分かりませんが――、少なくとも映像のなかに存在する「建築的事象」としては認めざるを得ない、あるいは認めてしまったほうが面白いのではないかという気がしていますね。

――確かに補助光だけでなく、電柱を消すとか緑を植えるとかの修正はアナログの時代でも行われていましたからね。さらには昼景と夜景を合成したり。ただし今はもう、そんなカワイイ時代じゃないですけどね。

岸――とりあえずは全部認めて了承してしまったほうが、映像的な建築の世界は広がりを見せてくれるような気がするんです。混沌は必須だろうし山ほど問題は起きるでしょうが、面白いとは思いますね。

――私も30年ほど編集の仕事をしてきたなかで、おそらく数万枚を超える写真（カット数）を見ていると思います。それらを選択しレイアウトをしていると、本当に写真が建築の「現実の姿」を伝えているかについて考えるわけです。結論としては――二川さんにも言われましたが――「実際に行かなければ分からない」という当たり前で単純なことです。終点はそこなんですね。建物は唯一であって動かないという絶対条件がありますからね。そうした建築の原点に戻るしかない。それはアナログの時代もデジタルの時代も同じなのだと思います。

岸――現場に行くことの意味が変わってきている気がします。今では、映像的事象として存在する建築と、リアルに存在している建築との差異を確認しに行く感じになっている。それだけ映像的世界が強烈になっているんですね。映像的世界が弱い時代では、肉体的な事象としての建築空間を体験することに大きな意味があった。それでも、ル・トロネの修道院を四季を通じて体験することは昔でも難しかったはずです。結局は一度（あるいは数度）の実際の訪問プラス写真によって、トロネという総体を想像するという複雑なプロセスを経ざるをえなかったわけです。それが現在では、映像のほうが強くなってきたということでしょうか。もちろん今でも現場に行く意味は失われていません。ただし、映像的事象を含めたトータルな体験としての建築を想像する力を持つこと。そんな気がするんですよね。

――ただ、現実としては片寄って流れつつあるように感じます。例えば、WebマガジンやYouTubeで建築の映像を見て、「もう、それでいいや」ということになる。人に会うこともそうで、レクチャーなどでもネット中継を見ればよくて、実際に足を運ばなくてもいいんだということになる。疑似体験で十分。建築を海外に見に行くのも面倒だし、顔を付き合わせての議論も苦手とか。

岸　レクチャー会場には人が少ないのに、Twitter上では議論白熱みたいなことはありますね。

学生主導の食事会を見ていても、あまり会話をしていない。それぞれ下を向いて、見えない誰かとコミュニケートしている。生のコミュニケーションが辛いのかもしれませんね。それでも、楽しくないわけでもない。

――私たちオジサンとは違う次元にいる（笑）。

でも本当の意味で建築が変わっていくのはこれからだと思いますね。私の経験からしても、かつてはデジタルっぽく見えたレム・コールハース《1944-》も今にして思えばアナログだし、ザハ・ハディド《1950-》の初期のドローイングなんか完全にCG的世界の先取りに見えましたけれども、実際はアクリル・ペイントだった。現在の建築雑誌に登場している40代半ば以上の人たちは、間違いなくアナログで建築の訓練を受けてきていますね。でも、今後いよいよ登場してくる建築家は、最初からデジタルを出発点にしている。紙の建築雑誌が消えて、ヴァーチャル作品だけがWeb上に並ぶことも……まあ、それはないでしょうね。

岸――そんな悪意は若い人にはないんじゃないでしょうか。例えば、建築にはオリジナリティが大切であり、写真によるドキュメンテーションが必要だという、現在のメディアの立ち位置を知りつつ架空のCGで騙そうとするには、意識的な悪意が必要ですよね。そうした意識から遠い位置に今の若いゼネレーションは立っているような気がします。いっそのこと、「できたと言い切って発表してしまえ」と思ってくれると、また面白いんですけどね。

――悪意があれば、また逆に面白いと。

岸――面白い。つまり、石元泰博が桂の屋根を切り取ったのは、建築にとって「善意」とは言えないでしょう? まあ、悪意・善意という言葉はよくないかもしれないので、恣意と言ってもいいんですけど。何らかの意思が入りますよね。桂の屋根にしても、二川さんのファサードに落ちる影の長さにしても。私自身はそうした意思の表明として表現が存在していてほしいとは思うのですが、でも今のYouTube的世界では、そうでもなくなりつつあるわけですよ。作者の意思表明でさえ存続するのかとさえ思います。それゆえに逆に、新しくて面白い時代が来るのかもしれないですけどね。

――そうですね。金銭的な問題があるとしても、ほとんどの建物は構造にせよ素材にせよ技術的には可能だと言われている。理屈上——つまり計画上あるいはCG上で——は何でも造れる世の中です。だからドラスティックな変革も期待できる、ただしそれは前世紀からも言われてきたことなので、実際は変わらないかもしれない。

岸——そうですね。19世紀のボザールによるドローイングは、古典主義建築の世界を変えるだろうと誰もが思ったんでしょうが、そうでもなかったわけですからね。

いずれにせよ旧世代に属する私としては、建築的価値観という古い信条を信じたいとは思っていますけれどね。

それでも建築は動かない

——建築を伝えるメディアについて考えると、まずは版画で実作を紹介したパッラーディオ[1508-80]がいます。彼の場合、そこに恣意性をたっぷり入れている。写真が本格的に建築と関わるのは19世紀の半ばくらいからですか。その頃のクリスタル・パレスの記録には、リトグラフとともに写真も残されていますよね。1889年のエッフェル塔になると、徐々に構造が立ち上がっていく有名な連続写真があります。つまり、古くから建築と写真は密接な関係を長いこと持ってきた。建築が動かないことは、初期の写真の被写体としては逆に好都合だったし（笑）。

岸——動きようがないという事実があるからこそ、建築は絶対に何らかのメディアとともにあったわけですよね。パッラーディオの版画に始まり、銀板写真やガラス乾板の時代からフィルム写真へと移行していく。さらにデジタル化によって、これまでにない新しい表現が可能になってきた。だけど建築そのものは依然として動かない。そこが面白いですよね。

――つまり動かない建築の回りを、メディアは動いているという構図でしょうか。

岸――ル・コルビュジエ《1887-1965》もムービーでサヴォワ邸［1931］を撮るなど、新しいメディアに興味津々だったわけです。だから、建築のメディアがYouTube的になってもOKだと思うのですよ。すでにグーグルで建築を検索すると、自動的に関連したYouTubeが紹介されるじゃないですか。そうした世界構造のなかに建築も入ってきている感じがする。

そこで話の最初に戻って思うのは、エズラ・ストーラー、ジュリアス・シュルマン、石元泰博、二川幸夫といった優れた写真家が成立したのは、本当に希なタイミングだったということなのです。二次元の動かない静止画像という技術と、出版というメディア、そして20世紀の建築の在り方が絶妙に出会って成立したのではないかと思えますね。ある意味で幸せな時代だったという気がします。

第13講

アイリーン・グレイとリリー・ライヒに想うこと

巨匠と併走した彼女たち

岸──一般的に近代建築の歴史を語るときには、第一世代、第二世代、第三世代という言い方をしますよね。第一世代はライトやミース、ル・コルビュジエなどのモダニズムの先駆者たち。そうした巨匠たちのフォロワーとも言えるマルセル・ブロイヤーやポール・ルドルフたちを第二世代と呼んだりします。そしてフィリップ・ドゥルーが名付けた第三世代──ヨーン・ウッツオン、ジェームズ・スターリング、菊竹清訓、磯崎新、ロバート・ヴェンチューリ、ケヴィン・ローチなど──が続きます。今はまだ20世紀の建築を総括するには早いと思うのですが、何となくそういう受け取り方をされているわけです。しかし考えてみると、世代としては第一とか第二なのですが、歴史の片隅というか歴史書の注記くらいにしか出てこなくなった建築家もいますよね。「周縁あるいはエッジにいたモダニスト」とでも言えるのでしょうか。第４講でも話しましたが、そうしたアンドレ・リュルサ、ロベール・マレ＝ステヴァン、ルックハルト＆アンカー、マックスウェル・フライ、リュベトキン＆テクトンなどは時代としては第一世代ですが、教科書に大きく出てくるわけではない。彼ら、例えばリュルサだったら左翼思想との関係、リュベトキンだと様式とモダニズムの関係といった、本流とは別の文脈で語られる人たちがいたわけですね。

そうした彼らとも異なる立ち位置にいたのが、アイリーン・グレイ《1878-1976》とかリリー・ライヒ《1885-1947》だと思うのです。彼女たちはル・コルビュジエ《1887-1965》やミース・ファン・デル・ローエ《1886-1969》との関係で少しは語られてきましたが、やっと１９８０年代くらいになってアーカイヴが整理され、作品の全体像が掴めるようになり、正統な評価の俎上に乗ってきた人たちなのですね。

――2013年の2月から5月にかけて、アイリーン・グレイの展覧会がポンピドゥー・センターで開催されましたね。たまに思い出したかのように、再評価がなされます。でもまた忘れられてしまう。

「アイリーン・グレイの肖像」

岸――私の個人的な話から始めると、大学院の時代に最初に興味を持って論文を書きたいと思ったのが、アイリーン・グレイだったんですね。それは、その頃にイェール大学が出していた『PERSPECTA』という雑誌にジョセフ・リクワートが発表した、アイリーン・グレイの分析論文を読んだことに始まります。すごく面白い人だと思った。と同時に、グレイという名前からオスカー・ワイルドの小説『ドリアン・グレイの肖像』を連想して、軽薄にも「アイリーン・グレイの肖像」というタイトルで修論が書けると考えたのです。そこで彼女について調べ始めたのですが、何しろ資料が見当たらず、残念ながら諦めたわけです。結局は、当時やはり周縁にいたモダニスト、「土浦亀城」を書いたんですけどね。

しばらく経った1981年に、たまたま立ち寄ったロサンゼルスの本屋さんで、MOMAが出したアイリーン・グレイの作品集を見つけます。それを読んでやっとアイリーン・グレイの全体像が漠然とでも掴めてきたという次第です。実作との出会いは、90年代の初め頃です。ル・コルビュジエの墓を詣でようと思い立ち、カップ・マルタンに旅をしまし

13.1
グレイ：『EILEEN GRAY DESIGNER』J. Stewart, The Museum of Modern Art, New York 1979

13.2
グレイ：E-1027、1926

13.3
グレイ：カステラーの家、1934

13.4
グレイ：『アイリーン・グレイ 建築家 デザイナー』ピーター・アダム著、小池一子訳、リブロポート、1991

た。有名なキャバノンの近くに、アイリーン・グレイのE-1027［1926］という白い住宅が建っています。その室内の白い壁面にル・コルビュジエが勝手に絵を描いて、アイリーン・グレイを憤慨させたという事件でも知られる住宅ですね。もうひとつは、マントンの山奥に建てられた「カステラーの家」［1934］です。地図も何もなくて、現地で人に聞きながら見つ

けました。それが私にとってのアイリーン・グレイ体験です。[13.1,13.2,13.3]

同じ頃に『アイリーン・グレイ　建築家　デザイナー』(ピーター・アダム著)という本が出版されました。その書評を依頼されたこともあり、真剣にアイリーン・グレイについて調べてみたところ、やはりE-1027が最も興味深く思えたのです。見た目は極めて一般的なインターナショナル・スタイルの住宅に見えるのですが、どこか違和感があるのです。なぜかと考えると、例えばル・コルビュジエの白い時代の作品では、均等なグリッドとか、ドミノに見るようなクリーンな構造といった秩序立ったシステムが挿入されていますよね。しかし、例えばE-1027の構造は明快とは言いがたい。構造にまったく秩序感がないんですね。この住宅で強調されているのは、可動する扉とか光を反射させるタイル面といった「装置的」な部分なんです。そうした可動の機能装置が、この空間の主役を担っている感じがします。また建築の装置性という切り口で思い出すのは、ピエール・シャロー 1883-1950 の「ガラスの家」[1931]ですよね。シャローの場合は、刳り抜いた石造建築のなかにガラスとスティールの箱を挿入しています。そこでの鉄骨による構造体は、実にクリアな感じがします。ところがE-1027の場合は――2階建てなので、それほど構造的秩序を考えなくても成立するのですが――もっと自由自在な感じがするんですね。つまり秩序を旨とする建築的な建築ではない、部分が反乱してくるような建築の在り方を見せてくれたのがE-1027なのではないかと思うのです。[13.4,13.5]

次の「カステラーの家」では、石積みを使うなど物質性がぐんと増していきます。彼女は生涯に3軒だけ住宅を実現していますが、その最後の作品はほとんど何も

13.5
シャロー：ガラスの家、1931

していないような、木造の小屋みたいな建物なんですね。むしろ伝統的にも見えるような。改装ということもあって、ここでも建築性が増している感じがします。すなわち、最初に設計したE-1027が最もアイリーン・グレイ的なのかなという気がする。そんなル・コルビュジエやミースとは違う建築の在り方を見せてくれたという印象があります。そこで面白いのが彼女の肩書きなんですね。MOMAのカタログのタイトルは『EILEEN GRAY DESIGNER』で、ARCHITECTが付いていません。おそらく本の筆者か編集者の眼には、建築を設計しているとはいえ、単純に「建築家＝architect」と言い切れない何かを感じたのでしょうね。もちろん彼女は家具デザイナーとしては有名ですからね。

アイリーン・グレイに興味を抱いたのと同じ頃、私はインテリア・デザインとは何かを考えていました。その時代に倉俣史朗《1934-91》さんも知るわけです。同じデザインと言っても、倉俣さんのインテリアは建築以上に建築的というか、構築的なデザインだと思うんです。しかしアイリーン・グレイは倉俣さんとは対極にあるデザインの世界を見せてくれた。建築に限定されないデザインそのものの面白さを教えてくれたわけです。

リリー・ライヒのセンシュアリティ

――構築的な建築への興味とは別の魅力を感じた、と。

岸――先ほど話した『PERSPECTA』でのリクワートによるアイリーン・グレイの論文

は、いわゆる建築的な形態分析だったのです。それではグレイは切れないだろうと思ったんですよ。彼女の魅力は、もっとセンシュアルな部分にあるのではないか、と。

「センシュアル」というと、思い浮かぶのはリリー・ライヒです。ライヒはミース・ファン・デル・ローエと共同した仕事を残しているわけですが、やはり歴史の表舞台からは消えていました。資料そのものが東ドイツにあったことや、MOMAのアーカイヴのなかにミースの図面と一緒に納められていたこともあって、長らくリリー・ライヒは注目されなかったようです。

リリー・ライヒが評価されるようになったのは、1996年にMOMAが出版したカタログからだったと思うんですよね。彼女の仕事の全体像が初めて見えてきた。特に1927年のベルリン・モード展における布の使い方がすごい。シルクやビロードでカフェを仕立て、そこでは黒、赤、オレンジ、レモンイエローといった多彩な色が使われていたようです。同じくミースと共同したベルリン建築展［1931］でも、ライヒは独特の素材感覚を見せています。こうした素材や色彩に対する感覚は、ミースに強く影響を与えたのだと思えます。バルセロナ・パヴィリオン［1929］で用いた数種類のガラス、ファーンズワース邸［1950］におけるシルクのカーテンの使用などは、ライヒのセンシュアルな感覚に通底するような感じがしますね。建築を豊かに魅力的にしてくれる部分……。［13.6, 13.7, 13.8］

アイリーン・グレイの建築が持つ装置性を日本的な文脈でたとえると、数寄屋や茶室に向かうような感覚があります。しかしリリー・ライヒのデザインは、むしろ極めてミニマルな平面に素材感のみが浮遊するような感じを受けます。語弊があるかも

13.6
ライヒ：『LILLY REICH DESIGNER AND ARCHITECT』 Matilda McQuaid, The Museum of Modern Art, New York 1996

13.7-1 ミース：バルセロナ・パヴィリオン、1929
13.7-2 同、内部

13.8-1 ミース：ファーンズワース邸、1950
13.8-2 同、外観

しれませんが、建築の本質にズバーンと入ってくるような男性的で感覚的な空間とも言えましょうか。面白いことに、彼女の作品集も『LILLY REICH DESIGNER AND ARCHITECT』とあって、単純に家具やインテリアのデザイナーとも言い切れない編集者の気分を読み取ることができますね。このライヒとグレイの2人が提案したことは、20世紀のインターナショナル・スタイルの時代では主役には成りえなかったのでしょうが、とても重要な部分だろうと思うんです。例えばアイリーン・グレイの装置性で言うなら、宙に浮いて開閉する孤篷庵・忘筌の障子に通底する感覚がある。そうした「装置性」——先ほどの「ガラスの家」もそうですが——は、現在の建築にも重要な要素として再検討するべきだと思いますね。対するリリー・ライヒの素材感は、数寄屋ではなくて書院的。つまり素材が押し出されるような感覚に通底する何かがあるように思えるのです。これは素材性《materiality》という建築にとっての王道の話だと思うんです。まさに彼女は「architect《建築家》」なのだという気がしてならない。[13.9]

——リリー・ライヒは、独立した建築作品は実現していませんね。

岸——ええ。仕事としてはインテリアと家具しかないからデザイナーと呼んでしまうのですが、思考の方向性はアーキテクトそのものではないかという気がします。比べるとむしろデザイナー的と言ってもいいアイリーン・グレイが、3つの建築作品を残しているのに対し、より建築的であろうリリー・ライヒは限定された時代のインテリア・デザインしか残されなかったということですね。

——しかもインテリアは残りにくいという宿命がある。ミースとの共同関係で言っても、バルセロナ・パヴィリオンは博覧会終了後に取り壊され、再建されたのが1986年ですからね。トゥーゲントハット邸も長らく見捨てられていた。ライヒ自身も、戦後すぐに亡くなられています。アイリーン・グレイは、ともかく家具だけは残した。特にサイドテーブルの「E-1027」は今でも人気ですよね。

13.9
大徳寺：孤篷庵・忘筌、1793

秩序と外乱

岸――私にとってのアイリーン・グレイとリリー・ライヒの在り方は、建築の価値観に対する新しい切り口そのものなのです。私は基本的に、建築とは――ミースやルイス・カーン《1901-74》ではないけど――ある秩序体系を作り上げることだと思っているところがあります。その秩序体系の上に外乱要素として何かが入ってきて建築空間が成立するという、対位法的な捉え方をしてしまう。日本建築で言うと、私が書院建築を好きな理由は、まずは基本的な秩序空間に上段の間が、次に付け書院が外乱として入ってくる。そうした秩序と外乱との関係が私自身の興味の中心にあって、建築はそうしたものだと思っていたところがあるのです。それを近代建築で言うと、ミースあるいはカーンの方法論の彼方にある「何か」が建築だと思っていた。その時に、グレイやライヒを知ることによって、秩序+外乱といった対位法的な考え方だけが建築ではなくて、もっと局所的な概念――例えば可動性や素材感覚――だけに焦点を向けても新しい建築像が見えてくるのだ、と。つまり、これまで自分が持っていた古典主義的な建築概念とは違う可能性を見せてくれたということなのです、自分にとっては。近代建築は基本的に古典主義建築の延長にあると考えているのですが、近代だけの特徴、近代を特徴づける特異点としてこの2人は居る、と考えてみるのはどうでしょうか。

――おそらく近代における資本主義の成立――工業化や大量生産――とともに、デザイナーという職能が認知されてきたように思います。そこにおける建築との絡み合いは興味深いですね。

岸――早い例だと、ペーター・ベーレンス《1868-1940》がベルリンの電気会社AEGの企業デザイナーを務めていますよね。ベーレンス以降、建築家がデザインの分野に入っていった。そうした統合的な方向性はあったと思います。

アイリーン・グレイやリリー・ライヒに共通しているのは、まずはアカデミックな建築教育を受けていないことが挙げられます。そこから建築に切り込んでいった。今でこそ「建築家」というバックグラウンドなしに建築を造ることは認知されていますが、これは極めて20世紀後半的な考え方なのです。それを彼女らは20世紀前半に成立させたわけですね。彼女らは早すぎた、だから、目にとまりにくかったように思います。

クラフトとデザイン

――日本では、どうも工芸職人の発展形として「デザイナー」は見られがちですよね。とても建築までは結びつかない。

岸――デザインはクラフト（工芸）の発展ではないと思います。アイリーン・グレイのカタログ表紙に使われている漆のスクリーンは、パリにいる日本人の漆職人が作ったものです。グレイが自分で漆を塗ったわけではなくて、発注芸術の形式をとるわけです。つまりクラフト的なものづくりからは距離が置かれている。それは20世紀的なんですね。クラフトから離脱しないと、デザインという世界は成立しないと思うんですよ。そうした距離感があるから、私は建築家としてデザインという世界に共感できるんです。クラフト作家のように自身で手作りされると、あまりにもロマンティックすぎて辛い。

態度としてはクラフトを尊重しているわけだけど、肉体的な動きとしては捉えずに、理念が優先するというかたち。これは基本的にはバウハウス以降ということであって、それはアーツ・アンド・クラフツ運動のダイレクトな継承ではないと思います。

――職人技とは違うと。

岸　違いますね。発注芸術としての強さがあります。
シャルロット・ペリアン《1903-99》は戦前、輸出工芸を指導するために来日しますね。不遜かも知れないけど、それが私には妙に違和感があったんです。「本当に面白いと思っているのかな」って。建築家／デザイナーとしては日本の工芸職人よりは意識が先行しているから、社会的責務として何かを指導するのが役目だと考えていたとしたら了解可能なのですが、ペリアンが本気で工芸活動に巻き込まれたとすると嫌だなと思ったんですよ。もちろんペリアンさんは分かっていたと思いますよ。これはブルーノ・タウト《1880-1938》にも同じことが言えます。工芸家と違うのは、モノとの精神的な距離を自覚するのが建築家だと私自身は思っているものですから。

——もともと日本には、デザイナーという言葉はないわけですよね。今なお適訳はありませんが……。

岸——それどころか、私は京都工芸繊維大学工芸学部で建築を教えていたわけですからね（笑）。建築家であるか工芸家であるかは、そうしたモノと自分とのメンタルな距離感につきると思うんですよ。そうした意味から言うと、グレイとライヒは造る作品と精神との距離感が自分たちのなかで自覚されている。だから、彼女たちは建築家なのではないでしょうか。

——客観性を強く保つということでしょうか。

岸——建築家は、自分が作り出したものをあえて蹴飛ばして見てないといけないと思う。そうしないと工芸作家的立ち位置になってしまうのではないでしょうか——つまり、誤解を恐れずに言うと、自分大好き人間に。そして、その中間に「インテリア・デザイナー」はいる。

——ところで先ほど名前が出たシャルロット・ペリアンは、所員としてル・コルビュジエのアトリエに入っています。それはアイリーン・グレイやリリー・ライヒとは、かなり立場が違いますよね。

岸——ずいぶん違いますね。ペリアンが担当した仕事がル・コルビュジエの名前で発表されるのは、当然と言えば当然です。しかしアイリーン・グレイは、ル・コルビュジエのスタッフではなく、協働者でもなかったのですから、彼女が設計したものは彼女の仕事です。ル・コルビュジエの仕事はE-1027の壁画だけです。ライヒとミースの関係も同じですね。

——巨匠の周縁を考えるだけでも、なかなか興味深い問題が転がっていますね。

岸——アイリーン・グレイやリリー・ライヒは、巨匠の周縁で対等に関わっていたけれども、その立ち位置が十分に理解されないまま、アーキテクトではなく「デザイナー」として協働したんだと言われてしまう。デザイナーというのは漠然とした、しかもイージーな言葉です。でも、デザイナーで在ることとは、そんなに簡単なものではないと強く思います。この2人の仕事を見て思うのは、むしろ建築なる概念が強固なものであり、そのことに本人たちも気づいていた。建築と同じ発注芸術としての距離感を持っていた。いかにデザイナーがクラフトから離脱するかが一般的な問題意識として出てきたのは、20世紀の後半だろうと思うのです。そこでデザイナーという位置づけが社会のなかで認知されるようになったことで、彼女らの仕事が再評価されたのだと思います。ですから、いや、だからこそむしろ、今の私たちは彼女たちを単なるデザイナーとしてではなく、建築という概念に決定的な影響を与える要素を持っている人たちではないかと思って正対することが重要だと考えます。もしかすると彼女たちは周縁に居たわけではなくて、ど真ん中の立ち位置から、建築なるものの本質に疑問を投げかけているのかもしれない。私もまた、きちんと正視して考えていきたいと思います。

第14講

消費されるモダニズム

モダニズムを消費する

岸―「消費されるモダニズム」という切り口を持ち出したきっかけのひとつには、1920年代のフランスで活躍したロベール・マレ《1886-1945》＝ステヴァンという建築家の存在があります。第4講でも話したように、当時の雑誌を見ると、ル・コルビュジエ《1887-1965》よりも多くメディアに登場しています。派手で格好いいんですよ。しかし私たちが建築を学び始めた頃には、有名な椅子のデザイナーとして名が残っていた程度で、歴史のなかに埋没していたわけです。再評価されたのは、21世紀に入ってからポンピドゥー・センターで開催された回顧展からなのです。彼は建築だけでなく、映画セットまでもデザインしていました。当時のコマーシャリズムに載ったスター建築家が、時代とともに忘れ去られていった。私は以前から彼を、どう評価したらいいのだろうと考えていました。そんなにひどい建築だとは思わないのですよ。確かに同世代のル・コルビュジエは、20世紀の近代主義についての重要な発言を残していますが、コマーシャリズムと近代建築という今日的な関係を考えるときには、マレ＝ステヴァンの位置づけもまた重要ではないかと思っていました。

そう考えていたところ、50年代から60年代にかけてマイアミでリゾート・ホテルを数多く手掛けていたモーリス・ラピダス《1902-2001》という建築家を見つけました。俗な言い方をすれば、いわゆる商業建築家です。トロピカル・モダンなのですが、そんなに悪く思えないのですね。特に今の時代相においては、彼をどう捉えるかは重要なのではないかという気がしてきた。つまりソ連が崩壊した1990年代以降の世界には、何か未知なるものを捜すといったエキゾティシズムとか、どこか此所ならぬ世界に行こうとするツーリズムといった風潮があると思うんですね。それは建築のメディアというよりも、一般誌を見ていると特に感じます。これを考えてみると、19世紀の半ばから20世紀前半と同じような状況に思えるんです。博覧会がブームとなって各地で開催され、アフリカから黒人が連れてこられたり、日本建築がシカゴに建ったりしたわけです。それは欧米にとってのエキゾティシズムの時代と言えますね。つまり未開に対する西欧の近代を象徴していたと思うんです。しかし現在はまったく状況が違います。もう世界には知らないところなど、見あたらなくなっています。未知の場所や文化に心躍らせるという神話性は消え、基本的に近代主義ならぬ民主主義が最上の価値として認められている均一な世界になっています。意図的に隠される軍事施設などを除けば、アマゾンやアフリカの奥地だろうとグーグルが見せてくれます。つまり現代のエキゾティシズムやツーリズムは、かなり屈折していることになります。何か新しいものを発見するのではなく、発見するという「スタイル」をとることで世界を旅するといった、複雑な構造をとると思うのです。そう考えると、50年代から60年代にかけてのラピダスによるエキゾティシズム/トロピカル・モダニズムは、まだ商業的な意味からしてポジティブに存在していたように思えます。もちろんトロピカルな要素をモダニズムのデザインに採り入れるということに、建築史的あるいはクリティカルな意味はないかもしれませんけどね。[14.1]

　そうモーリス・ラピダスのことを考えてみると、現代ではシンガポールのケリー・ヒル(1943-)が思い浮かびます。まさに彼は1990年代以降に、アマン・リゾートを代表とするアジ

14.1
ラピダス：『Morris Lapidus - The Architecture of Joy』
Deborah Desilet, Rizzoli International Publication, New York 2010

アの高級なツーリズム・ホテルをデザインしてきています。例えばブータンのアマンコーラ［2005］であれば、ブータンの要素を採り入れつつ、モダニズムに由来するファシリティを持ち込んでいます。基本的に高級ホテルですから、エアコンなどのシステムを含めて快適でなければいけませんからね。つまりモダン・デザインでありながらリージョナルな要素を採り入れた建築が、ここに実現しているわけです。それはカルチュラル＝文化的な意図から思考されたものではなくて、意図的にツーリズムなりエキゾティシズムが導入された建物です。未知の世界があるという神話性と快適なモダニズムが出会う場が舞台として用意されるという、かなり複雑な構造をとっているのではないか。今の私たちは、隅から隅まで自明となった世界のなかに、意図的に距離感のあるエキゾティシズムを見つけ出そうとしているような気がします。そのときにモダン・デザイン――イズムが不明なので、モダニズムとは言い切れない――がその助けになるんですね。バリ島のアマンダリも同じです。エキゾティシズムの象徴としてのバリ的な要素と、ライフ・スタイルとして必要な「モダニズム」が融合されて建築ができあがる。ここで想定されている「モダニズム」は、ホテルという場でライフ・スタイルを消費させるためのツールとして機能しているわけですね。［**14.2, 14.3, 14.4**］

「そこまで私たちは来てしまったのか」と、こうしたホテルを見て思います。ここでは、モダニズムの「イズム＝主義」は必要ないわけですよね。モダニズムのうちの快適な生活を保障するファシリティだけが要求されています――清潔な浴室、心地良いベッド、高性能のエアコン、気密性の高いサッシュ……。これらのモダニズムが生み出した派生要

14.2-1
ケリー・ヒル：
チェディ・チェンマイ、2005
14.2-2
同、内部

14.3
ケリー・ヒル：アマンヌサ、
1992（Open）

14.4-1
ケリー・ヒル：アマンダリ、
1989（Open）
14.4-2
同、内部

素＝ファシリティだけが、日常のライフスタイルの延長として導入される。このようにモダニズムが消費されてきているのです。それが現代なのではないでしょうか。その古い例がモーリス・ラピダス、今ではケリー・ヒルということでしょうか。

それらすべての背後にあるのが消費構造ということですね。すべてをお金で買うことができる。

そうした消費の構造の背後には、船舶のメタファーが控えているように思うんです。極めて機能的だけれども移動する船舶は、ル・コルビュジエ（サヴォア邸）やブリンクマン&ファン・デル・フルーフト（ファン・ネレ工場）をはじめ、モダン・デザインのメタファーとして影響を与えました。移動の彼方にはツーリズムやエキゾティシズムがありますよね。そこで思ったのが、バンコクのバンヤンツリー・ホテルです。今のバンコクで流行っているのは、屋上を庭園化してレストランやバーなどの商業スペースを設けることなんです。バンヤンツリーでは、最上階までエレベーターで行って、空調室外機などが置いてある外部通路に出て、さらに鉄骨階段を上って設備を納めたペントハウスの上に、飲食のフロアが増築されているのです。これは完全に、バンコクという都市の地上60数階に浮いている船なんです。考えすぎかもしれませんが、これは20世紀初めに立ち上がった近代建築が原動力とした移動と機能のメタファーが、ここにきてコマーシャルな視点から再び立ち現れた感じがしました。もう一度、どこかに漕ぎ出していくみたいな。まさに消費なんですよ。［**14.5**］

――今回は超豪華客船に変わったわけですね。

岸――お金のない人は来れませんからね（笑）。

20世紀初頭は基本的に「みんなの幸せ」というモダニズムの「イズム」が生きていましたが、今は富裕層の消費のため、ということですね。

ファシズム建築におけるモダニズムの消費

岸――商業建築以外でもモダニズムを消費している例があります。

指導している大学院生に、修士論文としてイタリアのコロニー建築を研究させています。ムッソリーニ政権下、ファシスト党は青少年の教育用施設を海の近くや山の中に数多く作っているんです。ファシズムの時代ですから、それは基本的にモダン・デザインなのです。院生が調査してきた図面などを見ていても、確かにモダン・デザインの住居系――例えばハウジング――に似ているように思えます。基本的には廊下を中心に各機能を担った部屋が取りつくのですが、平面図を検討していくとプライベート・エリアがないことが分かりました。要するに、すべてが相互監視できるパブリック・エリアだけです。モダニズムが成立した時期には、市民という個もまた成立しているわけですから、住宅には各人のプライバシーが基本的に確保されています。個人－コミュニティ－社会を分離して考えるのが近代ですからね。都市も同じように、仕事場と住宅という機能で分かれていく。そうした観点からコロニー建築を見ると面白い。すべてがパブリックで、トイレさえ個室ブースを完全には仕切らないようになっています。寝室は数十人のためのベッドが野戦病院

14.5 バンヤンツリー・ホテルの屋上レストラン

のようにズラーッと並ぶわけです。つまり個の成立を認めていない平面計画ですから、それはモダニズムの原則に反している。しかし外見はミニマルで白い抽象的なモダン・デザインです。つまりカマボコ兵舎の平面を、モダン・デザインのカバーで覆っているわけです。そう考えると、極めて政治的な建築なんですね。政治的といっても、ファシズム云々ということではありません。形態が社会に与えるイメージと平面計画がまったく違う、という操作が行われている。モダン・デザインが与える明るい家庭や守られたプライバシーという形態のイメージは、みんな一緒という平面計画で覆される。

――共産主義的な発想の平面計画でもありますね。ファシズムと共産主義は相容れないはずなのに、支配する思想としては同様ということでしょうか。

岸――軍隊とも仲がいい平面計画。とにかくパーソナルなエリアを持たない不思議な建築です。

旧ソ連や中国などの共産主義の建築は外形も大仰ですから、平面図を見ても「やっぱりね」と思えるわけですね。でもファシズムのコロニーは、見た目がモダン・デザインなので、落差が激しいのです。

その一方で、山や海で青少年を健康にするという発想は近代主義建築そのものなんです。ル・コルビュジエの「300万人のための現代都市」にも見られますが、モダニズムには健康を重視するという発想もあるじゃないですか。太陽の光を浴びるとか、風通しを良くするとか。肺結核も多かったですからね。

サナトリウムはヨハネス・ダイカー《1890-1935》やアルヴァ・アアルト《1898-1976》の傑作もあるように、近代建築のビルディング・タイプとしてありますからね。ノイトラ《1892-1970》もズバリ「健康住宅」［1927］を設計している。

岸　健康のためという点では、正統なモダニズムの建物なんですね。ただし、最終の目的が違うんでしょうね。例えばダイカーのサナトリウム「ゾンネストラール」［1928］は、基本的にオランダの社会構造を想定していますから、健康を回復したら自分の家やコミュニティに戻ることが想定されています。しかしイタリア・ファシズムのコロニーでは、健康に育った青少年たちがその後どうなるのかは気になりますけどね。［**14.6, 14.7, 14.8**］

14.6
アアルト：パイミオのサナトリウム、1933

14.7
ノイトラ：ロヴェル邸／健康住宅、1927

14.8
ダイカー：ゾンネストラール、1928

健康なファシスト党員を育てる(笑)。

岸 外観ではなくアピアランス=見かけという言い方をすれば、それと平面の矛盾はケリー・ヒルやモーリス・ラピダスの商業建築と同じ——あるいは逆——ですよね。見かけはトロピカルやアジアンですが、プランニングは極めて機能的です。そう考えると、誰にとってもモダン・デザインはツールとして使いやすかったような気がするんですよね。

アメリカの場合は、フィリップ・ジョンソンたちによる「インターナショナル展」(近代建築:国際展覧会、1932)で発表されたインターナショナル・スタイルの定義を見ると、思想的なことには何も触れていません。ヴォリュームやシンメトリーなどの形態ルールだけでモダン・デザインを定義している。この時代、アメリカから見たモダニズムには、すでにプリンシプルは除外され、単にスタイルの話になっていた。よくよく考えてみると、近代主義=モダニズムは1920年代の後半から多義的な展開を見せていたわけですね。

19世紀には新古典主義をはじめとして数多くの様式/スタイルがリバイバルされています。美術館や銀行には新古典主義が採用され、大学キャンパスだとネオ・ゴシックが残されました。しかし思うほど長続きしませんでした。それらを考えると、おそらくモダニズムは新古典主義やネオ・ゴシックの明瞭な形態としてではなく、もっと図太くサバイバルしているような気がします。ケリー・ヒルのホテルに見られるモダン・デザインというのは、ファサードではなくてプランニングに生かされている。そういう意味では、19世紀のリバイバリズムとは違うかたちで、モダニズムはサバイバルし続けてきた気がする。形態がモダン・デザインであるオフィスビルだと話は簡単ですが、さらに見えにくい複雑な場面で生き残ったモダニズムを見ることができるのが、商業建築なのではないかと思うのです。

——表層の裏に、モダニズムが隠されている。

岸——ケリー・ヒルのホテルでも、木や土といった素材を見なければ、極めてモダンな建築になるわけです。

社会システムと建築の乖離

——それはポスト・モダニズムの動きとも違うのでしょうか。あれも当時は認知されましたが、結局は消滅しましたよね。こうした反モダニズムとの関連は?

岸——ポスト・モダニズム的なるものとは、外側からパターンとして与えられる歴史主義的なファサードだけではありませんでした。プランニングも変化したのですね。モダニズムやインターナショナル・スタイルに対する抵抗感があり、ジョンソンたちが定義したアシンメトリーを疑問視して、シンメトリーに戻るとか。あるいはモダニズムはヒューマン・スケールの建築だと言うけれども、本当に長大な建築はありえないのかとして、レオン・クリエ 1946- は都市を夢想したわけです。そこでは、ある世界観と建築が一対一に対応することを信じていたように思うんですよ。ポスト・「モダン」と呼んでいるけれども、そこでは何か新しい自分たちの時代のイズムが発見できて、それと建築が一対一で対応できると思っていたような気がします。しかし現在の社会を造りあげているシステムは、私たちには分かりませんよね。形式的には民主主義かもしれないし、資本主義かもしれない。いずれにせよ、それらが十全に機能しているとも思えないわけです。建築の側でも、例えば社会システムと建築は一対一で対応してほしい、あるいはするべきだと思っているのでしょうか。最近の建築を見ていると、例えばレム・コールハース《1944-》でもいいですが、彼らは社会と対応するという言い方をしつつも、ペシミスティックに建築を作り上げているように思える。逆にザハ・ハディド《1950-》は、あまり社会との対応関係は信じていない感じ。建築は建築としての自立的な提案によって、何かが変わるかもしれないし変わらなくてもいい。そうした議論そのものが陳腐化している世界を、彼女から思います。そういう意味ではコールハースのほうが、まだ社会に対してはペシミスティックであるにしても、ポジティブな感じがしますね。

　さらに言うと、資本主義の最前線で建築を作っている大規模建築設計事務所が、この社会システムを良しとしているのか、あるいは新しい提案をしようとしているのかという疑問があります。社会と対応せざるをえない小さな事務所以上に、かたちを追う方向へ行っているように思えます。特にバブル崩壊以降、社会的に何かを提案するという立ち位置をとらなくなってきた感じがします。そうなると、誰も社会と建築との対応など考えないことになる。

　逆に私は20年以上も、社会と建築との対応に興味はない、建築に潜む独自の建築性がテーマだ、と言い続けてきたわけです。すると「おまえは数寄屋建築家か」、「社会性はないのか」と批判された。そういうアイロニカルな態度をとってはいても、心の奥では建築と社会との関係は重要だと思っているのです、当たり前ですよね。やはり建築と社会とは何らかの関係を持っていてほしい。だから元気だった頃の近代建築を見に行って考えるわけですよ。

——社会性を持たない建築家が批判される。では逆に、一般社会は建築家あるいは建築そのものに何かを求めているのだろうかという疑念を、建築編集者として持っています。求められているように錯覚しているだけではないか。社会のシステムに組み込まれていないのではないかというジレンマを、建築に関わる一人として感じています。

岸——そうした点、私は大学の時に読んだ一篇の文章に影響を受けています。

……とにかく彼〔建築家〕にとっては10年先の都市がどのように発展しようと、そこで市民がどう生活しようと、それは建築家の責任ではないのである。彼は都市計画にたいしては「あなたまかせ」である。彼がそんなところにまで責任を感ずることは僭越というものである。いまだかつて彼はそれほど大きな責任をとらなければならないほど権力も地位もかちえたことはない。また彼がそれほどの責任をもって仕事をする機会をもったことはないし今後もありえない。

八田利也〈磯崎新、伊藤ていじ、川上秀光〉『現代建築愚作論』、彰国社、1961/2011

なぜ建築家は都市や社会が悪いのは自分たちのせいだと背負い込むのだろうということですよ。そこから私は基本的にスタートしています。70年代の終わりに、建築の固有の価値にのみ興味をもっていこうと決心した。しかし今回のような話を改めて考えるようになったのは、やはり1990年代前半からの大きな社会変動を見たからです。一人の市民として意識せざるを得ないのではないかと思った。特にソ連の崩壊、阪神・淡路、9・11、3・11という出来事に知らん顔はできませんよ、建築そのものも。

こうした時代相の社会だからこそ、ファシズムのコロニー建築に興味を持ったのかもしれません。パッケージングとプランニングが違うこと、コミュニストや軍隊の兵舎との類似など。そこで気づくのは、やはりモダン・デザインは図太いということです。根っ子に機能主義があるから、理念がなくても生き残っていける。ケリー・ヒルやモーリス・ラピダスについての興味も同じような動機ですね。

モダニズムを読み替える

――先ほどレム・コールハースはペシミズムを持って社会に対していると話されましたが、彼はラピダスにも興味を持っていたようですね。そのコールハースを源流とし、彼の『錯乱のニューヨーク』〔1978〕で発表されているドローイングを80年代に実現していったアルキテクトニカ（1977年に設立）もまたマイアミを本拠としていましたね。今日の文脈には、アルキテキトニカも載ってくるように思えますが、いかがでしょうか。

岸――アルキテクトニカの建築は、ラピダスほど見かけはデコラティブではありません。しかし彼らのプランニングは、極めてデコラティブです。私が香港で面白いと思っているショッピング・センター（フェスティバル・ウォーク）を設計したのがアルキテクトニカでした。これは機能的にもデコラティブなんです。つまりエスカレーターが連続していない。上ってきたところには下りのエスカレーターがあって、さらに上階に行きたい人は遠くまで歩いて次の上りエスカレーターにいく。それはわざと混雑を創り出して人間の濃密をつくるのです。都市のように、四方八方から人が集まってくる。

さらに意識的に操作しているのが、建物内部に設置したスケートリンクです。ショッピング・センターにスケートリンクを突っ込んだ最初の例はヒューストンにあります。暑い街ですから、基本的に車で移動してショッピング・センターに来ます。セキュリティが保たれた涼しい屋内で、買い物を楽しみながらスケートもできる。それが１９７０年代です。アルキテクトニカは１９９８年に、やはり暑い香港にスケートリンクつきのショッピング・センターを作りました。スケートをする子供たちを親が見ているのですが、その見物スペースの天井にはステンレス・プレートが貼られています。これが薄いステンレスで、わざとベコベコにしているんです。すると滑っているわが子の姿が、その天井に歪んで写ります。平滑なミラーだと上下逆転像が写るだけですが、それが揺らいで見えるわけです。リンク上のアナログの動きが、天井ではデジタル的に変換されるわけです。ＬＣＤなどを使わない簡単な仕掛けです。ステンレス・パネルという仕上げはモダン・デザイン的ですが、実現している空間は極めてデコラティブな印象を与えます。先ほどの動線計画も、静止画の平面図で見るとモ

ダン・デザインですが、実際に歩いていると何ともデコラティブなんですね。［**14.9,14.10**］

このショッピング・センターは香港の中心部から少し離れていて、基本的には地下鉄で行き、駅構内からアクセスします。その建物の内部はステンレス・パネルなどを使いつつ、現実の都市のように賑わうように計画してある。しかし外側は倉庫みたいな雰囲気です。低層部分には申しわけ程度に石を貼ってありますが、残りは出店しているテナントの旗や広告板があるだけ。要するにファサードという概念を捨てている。ここまで思い切って商業空間をデザインできる建築家はいないのではないかと思うほどです。

ここにアルキテクトニカはサバイバルしていると思うのです。かつてのように作品発表もされないし、ショッピング・センターといったコマーシャル建築ばかり作っているようですが、今の彼らは面白いと思いますね。

こうした建築家の命脈は生き続けているのですね。もう少しミニマルなケリー・ヒルも、コマーシャリズムに対する立ち位置は同じだと思う。いわゆる「作品」集が出版されるような作家・建築家だけが建築の世界をシリアスに考えているわけではなくて、まったく違うコマーシャルな地点から、それもモダニズムのプリンシプルを意図的に読み替えながら――私が使っている言葉だと、誤読あるいは偽装しながら（意図的に誤読することは偽装ですから）――モダン・デザインの尻尾のところで生きている建築家たちがいる。それが面白いと私は思っています。

――考え方によっては尻尾じゃないかもしれませんね。

14.9-1 アルキテクトニカ：フェスティバル・ウォーク、1998
14.9-2 同、スケートリンク

アルキテクトニカ、モーリス・ラピダス、ケリー・ヒルのほかにも、70年代に巨大吹抜けを持ったホテルを連作したジョン・ポートマン（1924-）、博多のカナルシティを実現したジョン・ジャーディ（1940-2015）たちがいます。彼らの建物を見てみると、いずれも商業的に大成功しているわけですよね。ある意味で都市の賑わいを創り出している。それは先ほどの「作品集」的建築家や都市計画家が策定した都市よりもはるかに成功していると思うのです。「人間の幸せのため」のモダニズム観点からすると、どちらが本筋なのか。賑わう街を創るほうが、社会的には正しいのではないかという論理は成り立つのではないですか。

岸――確かにジョン・ジャーディは、ひとつの閉じたコマーシャル・エリアのデザインということで評価が低められている。ああしたプロジェクトをパブリックなプロジェクトとして、公共の町おこしという大義で成功させたら評価されるかもしれませんが、商業的なディベロッパーのもとで集客のためのツールとしての空間となると、「なんだよ」という感じで見られますよね。そういう世界観があります。でもそれは、そんな仕事はクライアントから依頼されても受けるな、ということなのでしょうか。私はアルキテクトニカやラピダスも、ジョン・ジャーディやジョン・ポートマンも、きちんと彼らの立ち位置を見ていきたいと思いますね。

そうした考えの根本にあるのは、やはり大学院生の時に書庫で見たマレ＝ステヴァンの記事なんですね。モダニズムのメインストリームでは評価の低い建築家を、ずっと私なりに評価したいと思い続けてきました。そういう類の建築家たちを正しく評価する見る目を持ちたいと、今でも思っています。

14.10 ヒューストンのガレリア・モール

第15講

出口なき道の行方

モダニズムを誤読する

岸――よく私は「モダニズムを誤読する」「モダニズムを偽装する」という言葉を使います。そうしたことが、今回の議論の中心に隠された話題として、ずっとあったように思います。

やはりモダニズムは、社会像としての近代とともにあったわけですね。政治体制で言えば、民主主義あるいは共産主義が明るい未来観を描き出しました。誰もが平等に暮らすという共通の目的を持って、その方向にこそ未来があると思っていたのが近代社会の始まりでした。でも今や、そうした明るい未来はないことは誰しもが感じていますよね。民主主義もポピュリズム的に変質し、平等のようでいて平等ではない社会が見えてきている。ソ連の崩壊以降から、阪神・淡路大震災、9・11の同時多発テロ、3・11の東日本大震災という諸々の大事件・大災害を経て、どうも世界はそんなに安定していないことにも気がついてきた。そうした状況において、ある20世紀の理念的な社会像――近代主義あるいは民主主義と言ってもいいのですが――を信じて生まれてきた建築のイズムが、どうサバイバルしているのかをずっと考えています。

ふと普通の人への啓蒙効果という文脈で考えたのは、「コーヒーテーブル・ブック」と呼ばれる本についてです。要するに、お金持ちの住宅のリビング・ルームに置かれたガラステーブルの上に乗せられ、コーヒーを飲みながら「こういうお家がオシャレね」とページがめくられるコーヒーテーブル・ブックという類の美しい本があります。これが例えば

1980年代の終わりから1990年代の初めにかけてだと、そのときに流行っていたサンタフェ・スタイルやイースト・ミーツ・ウエスト、バルセロナ・スタイル、あるいはフレンチ・シックといったスタイルブックというかたちで紹介されたものが多かった。「フレンチ・シック？ 今さら猫足かよ」と、当時の私は何か腹立たしい思いを持って、それらを見ていたわけです。それが現在は、例えばリチャード・ノイトラ《1892-1970》の住宅をもっとずっと洗練させたような、プールが美しく水色に広がっている砂漠に建つ家あるいは海辺に建つ家といった、30年くらい前は夢の形のようだったリゾート・ハウスが普通に載っているスタイルブックになってきたように思えます。そうしたスーパーウルトラ・モダニズムみたいな住宅・別荘を載せた本が、普通の人のリビング・ルームのテーブルに乗っているわけです。あるいはアマン・グループのリゾート・ホテルやマンダリン・オリエンタルのような都市ホテルのインテリア・ブックが出ています。それらは、アジアン・テイストが生きているモダニズムだとして女性雑誌にも紹介されています。私たちが地域の文化における建築の生き残り方やモダニズムがどうサバイバルするのか、その在り方を考えているときに、それを簡単に乗り越えていく。

これは先ほどの、サンタフェ・スタイルというアドビ煉瓦の偽物の住宅を素敵だと言っていた時代に比べると、何か変わっていますよね。つまりルイ何世風の猫足家具のあるフレンチ・シックのインテリアやサンタフェ・スタイルが素敵とは、さすがにコーヒーテーブル・ブックも言わない時代になった。それに代わって、ウルトラ・モダンでミニマルなリゾートハウスだとか、アジアン・テイストが生かされたモダンな住宅が主役になってきています。それは、ソ連崩壊以降の理念がなくなった時代では、理念としてあったモダン・デザインがむしろ消費されるべきスタイルとして認知され、結果として普通の人にとっても手が届く範囲の未来となって、コーヒーテーブルの上に憧れの生活スタイルとして乗せられるようになってきたと言えます。

それは例えば、１９３１年にサヴォア邸が完成したときに、ル・コルビュジエ《1887-1965》が当時の『L'Architecture Vivante』や『L'Architecture d'Aujourd'hui』などに発表した原稿を見ると、かなり気負っているように感じます。この建築に込めた時代に対する思いなどがあるわけですね。そこから80年くらい経つと、モダニズムは気負いを持たない単なるスタイルになったということですね。でも、それは悪いことなのでしょうか? モダン・デザインがスタイルとして消費されることは良くないことなのか。美術館のショーケースに入れる素晴らしい「作品」として賛美するという視点も、もちろんあります。しかし美術館で展示される建築ではなく、ヴァナキュラーなレベルで存在するモダン・デザインの建築が一般的になった世界は、そんなに悪いことなのだろうかと――自虐的に――思いますね。例えば、この前テレビで流れていたタマホームのＣＭを見ていて、なかなか悪くないなと思ったのです。白いインテリア、ちょっとした中庭、それなりのモダンな家具。30年前の貧相な都市郊外建売住宅と同じような価格で、もっと知性的なモダン・デザインを身に纏った住宅が入手できる。その背後に経済以外の理念があるとは思えません。例えば、モダンな生活スタイルを広めようというような理念ですね。その理念はもう、30年の間にすでに入手されているわけです。さらに今は、モダン・デザイン／モダニズムが提示すべき新しいライフ・スタイルなどないことから、スタイル化していく。それは何かの終焉の姿だと思うし、例えばルイ何世風の猫足家具のロココ風のインテリアが消えていった時代と同じようなことかもしれない。ですが、モダン・デザインを考えるときに常に在る進歩幻想、つまり何か新しい世界を開いていかなければいけないという強迫観念をフッと外してみると、そのスタイル化は本当に悪いことなのかと思えてしまう。もちろん皮肉を込めての言い方であって、まだ私自身も結論を出せていないのですが、ただ現実にマンダリン・オリエンタルのような都市ホテルの空間に身を置いたときに、「悪くないな」と思ってしまう。そうした空間を否定する言葉を私は持っていないのです。もちろん形式的なロジックから非難することは、いくらでもできます。しかし、それ以上に私たちの生活そのものが変わってきたのではないかという気がする。

　第10講でも話題にしたことですが、これだけ飛行機の旅が日常化してくると、空港というビルディング・タイプが重要になってきますよね。例えばインターナショナル・スタイルを考えると、世界中の異なった気候風土や文化を持つ場所に進出していくときに、どの地域にもガラス張りの超高層を建てていいのかという議論があった。つまり南方のエアコン負荷や北方の熱放射といったエネルギー問題ですね。その一方で、空港という常に通過する中間的な場所のことを考えてみると、これほどモダン・デザインが似合うビルディング・タイプはないと思えます。モダン・デザインが目指したのが「どこでもない場所」だとすると、空港こそが「どこでもない場所」ですからね。モダン・デザインは生きる道を空港に見つけたという気がしなくもない。古くはエーロ・サーリネン《1910-1961》のＴＷＡターミナル［1962］、ノーマン・フォスター《1935-》だとスタンステッド空港［1991］などを見ると、モダン・デザインは空港で美しい花を咲かせているという気がしますね。おそらく本来のモダニズムが目指した方向ではないのでしょうが、現実に空港で花が咲いたことを考えてみると、やはりモダニズムにはノマド的な性格が本来的にあったのだ、と確信してしまいます。それは逆に、「どこでもない場所」をデザインするイズムであるからこそ、コーヒーテーブル・ブックの誌上にも理想の場所として現れ得るのではないでしょうか。つまり、アリゾナとかドバイといった砂漠にプール付きの白い住宅が出現するという「どこでもなさ」が、モダン・デザインの持つ側面のひとつかなとも思いますね。だからこそ世界中で流通する商品になったのではないでしょうか。［**15.1,15.2**］

――ロココ風のフレンチ・シックとかサンタフェ・スタイルは明らかにポピュリズムとして理解できるのですが、モダン・デザインまでがポピュリズムに取り込まれたわけですね。それに対して建築側は論陣を張れない。あるいは張る必要はないのでしょうか。

岸――猫足のフレンチ・シックは上向き目線なんですね。自分よりクラスが上の人たちの世界観を体験するような住宅への憧れだったと思うんです。一方、サンタフェ・スタイルはツーリズムの反映だと思うんですよ。日本にいるけれども、サンタフェの素敵な家にうっとりする。そしてモダン・デザインがコーヒーテーブル・ブックになったというのは、そうした上向き目線や横向きのツーリズムではない。つまり自分の居場所が固定していれば、上を見たり横にずれるという発想があったと思う。しかし今は、一生移動しているビジ

15.1
サーリネン：JFK国際空港
TWAターミナル、1962

15.2
フォスター：スタンステッド空港、1991

ネスマンもいるように、私たちは常に動いていますよね。加えて、東京にいても東京のアイデンティティに束縛もされない。ノマドでもないけど、世界中どこも同じというような「どこでもない感」が生まれてきている。ですから今のスタイル・ブックは上や横を見るのではなくて、ごく普通に入手可能なメニューのようにある気がしてならないんですよ。上を見て「素敵なお家」でも、遠くを夢見て「サンタフェに旅する」のでもない。むしろモダン・デザインが普通になってきた感じ。砂漠のなかの白い家に滞在することも、良質なモダン・デザインの住宅をハウスメーカーから買うこともできる。つまり簡単に入手できる夢として、モダン・デザインは消費されてきているのではないでしょうか。

それではそこで、次のフェーズが見えているのか。常に思うことなのですが、今の私たちは、自分たちはまだ近代の残像にいると思い込もうとしているような気がする。やはり民主主義では多数決が正しいとか、その裏返しにあるヒーロー待望論とか。そうした20世紀初めに決まった論理世界を無意識的に頼っている。それらを否定したところで、新しいフェーズが見つかるとも思っていないような気がしてなりません。選挙を見ても、民主主義というプロセスを信じている振りをしているように思えます。60年代や70年代のように、それは違うと言って市民・学生が立ち上がることもない。そういう社会像をみんなで支えているわけですよね。本当に正しいのかは分からないけど、とりあえず支えていようと思っている。そうだとすると、そんな社会に連動する建築像は、それなりに歪んだ像になってしまう気がしてなりません。末期モダニズムと言えるのかもしれません。

昨今の韓国や中国、それにタイのデモをストレートには受け止められませんが、その逆に日本にいるとそれこそ真綿で首を絞められているような感じも辛く感じますね。とはいえ、そうした社会の姿とは関係なく建築を主観的に考えるという、例えばドイツ表現主義のような建築が必要だとも私は思わないし、美学だけにこだわった建築というのも違う気がするのです。やはり社会と健康な関係にある建築について考えてしまう。

モダニズムの奇形化

岸　そこで思うのは、先日のシンポジウム［**注**］におけるフランチェスコ・ダルコ氏の発言です。ヨーロッパそれもイタリア人だからこそ言えるようなことを話されていました。「建築は、15世紀から何にも変わっていない」、と。私自身も京都にいるのでよく同じような言い方をするんですが、そこまで自信満々には言えない。でも、こうした揺るぎない建築的価値観が成立している世界が、ヨーロッパなんだと思いましたね。しかしなぜ、確固として信じることができるのだろう。やはり身近に、例えばミケランジェロ《1475-1564》のシスティーナ礼拝堂がある。ちょっとバチカンに行けば、ミケランジェロに思いを馳せることができる、そんなことでしょうか。京都も同じようで、かつて私は敗北感の塊になったわけです。少し行けば桂離宮も大徳寺もある都市で、現代建築なんかできないよ、と。でも逆に言うと、少し行けば大徳寺孤篷庵があって桂離宮があるのも悪くないと思い起こしたのが90年代の初めです。でもいかんせん木と紙の建築の都市に暮らしていると、ダルコさんのように自信を持って15世紀と今は変わらないとは、残念ながら京都の建築家は言えない。

——古代ギリシア・ローマにまで遡る歴史の末端の100年を現代建築は占めているだけだという、建築そのものへの揺るぎない自信なのでしょうか。日本の現代建築は明治時代からの歴史しかない。それまでの建築文化は明治維新で切り捨てて、西欧の擬古典様式に走ったわけですからね。ただ、磯崎新さんが重源《1121-1206》とブルネッレスキ《1377-1446》を並行して論じられるように、敢然として射程距離を垂直・水平に引き伸ばすことは、日本の建築家にとって相当に有効な手段だと思うのですが。考えやすくなる。

岸——日本では「モダニズム数寄屋の何が悪い」と言うと、怒られるんですよ（笑）。数寄屋は江戸時代の初めくらいに、書院建築がリファインされていくなかで成立していくわけです。書院建築ではファンクションが分岐していき、付書院や上段の間が加えられていく。数寄屋になると、建築が所作と対応するところまで求められ、限定されてきます。すなわち極めて機能的な建築が数寄屋であり、書院建築がスタイルとして展開していくなかでの最終形とも言えるのではないか。それならモダニズムにも変化の果ての最終形があってもいいのではないかと思うわけです。そこで私が思ったのが、モダニズム数寄屋。これしか今はないと思うんですね。怒られても。

　大規模組織的なモダニズム数寄屋の在り方はすでにありますよね。例えば日建設計などによる極めて良くできた超高層ビル。ただし全部が80点以上でできたモダニズム建築の最終形だけがモダニズム数寄屋だとは思っていません。欠落している部分があるけれども、ある部分だけは意識的に強調されている建築。ある種の奇形化と言ってもいいのかもしれませんが、そこにモダニズム数寄屋として生き残る道があるのではないかという気がするのです。数寄屋はひとつのかたちとして、小間の茶室という極限のスケールに行きましたよね。それは建築空間としては、ある種の奇形だと思うんです。ヒューマン・スケールよりもさらに小さい建築が在るという実験。そのようにモダニズム数寄屋では、本来はルール違反として禁じられていることを何か放り込んで、建築を特化させていく。そこに次のフェーズがあるのではないか。それを茶室化あるいは数寄屋化と、とりあえず呼んでみる。しかし、ひとつの建築的世界観が末期を迎えようとするときには、そうした方法は学ばざるを得ないのではないか。例えばですが、日本における書院の最終形としての数寄屋なり茶室の在り方を、私自身は冗談抜きで学ばなければいけないと思っています。

――それは吉田五十八を代表とする近代《モダン》数寄屋とは別物ですよね。言葉としては極めて近いですし、吉田五十八も西欧モダニズムを学んでいるわけですが。

岸――近代数寄屋とは言葉上のことですね。まずは数寄屋ありきとしての近代化＝モダナイズだと思います。私は逆に、モダン・デザインそのものが数寄屋化していくのだと思う。数寄屋的な手法を使うということではありません。数寄屋をモダナイズするという吉田五十八 1894-1974、堀口捨己 1895-1984、谷口吉郎 1904-79 といった先達がやってきたことは、数寄屋なるものを前提として認めて、そこに近代をどう入れ込むかについての解答だと思う。私が思っているのは、形式としての数寄屋ではなくて、考え方としての数寄屋なのです。モダニズムがサバイバルしていくなかで、見え方はいわゆる数寄屋とはおよそ違うけれども、「数寄屋化」していく建築。先ほど奇形化と言いましたが、ある種の極めて奇妙なかたちの展開をするところに未来があるのではないかという気がする。それは旧来の数寄屋とか近代数寄屋とは、似ても似つかないようなことになるのかもしれない。

具体例として適当かどうか分かりませんが、例えばジョン・ポーソン《1949-》の仕事を私はいつも敬意を持って見ているのですが、あれは近代建築のある側面を肥大化させているわけですよね。ひとつには抽象的な色（白）であると同時に、ペンキではなくて漆喰などの素材感を持つ白だということです。そうした相反することを同時に同一の空間のなかに放り込む。最後に、そこに光がすっと入ってきたら建築が出現する。それだけ。だからポーソンがやっていることはモダン・デザインの数寄屋化だと考えてみること。ある種の奇形化したモダン・デザインですが、それは進め方のひとつのような気がします。ただし茶室みたいなものですから、その先に何か新しい世界があるということではない。出口ではないんですよね。

——ジョン・ポーソンに数寄屋を見る。それは数寄屋＝和風建築という文脈とは異なるわけですね。慌て者は誤解しそうですが（笑）。

岸——まったく違います。別の例を挙げるなら、最近のデヴィッド・チッパーフィールド《1953-》の仕事があります。その多くはクラシシズム数寄屋と言えそうです。立ち位置としてシンケル《1781-1841》の後を継ぐ決心をしたような感じがする。日本の数寄屋にも和風にも見えませんが、モダニズムの進路としての数寄屋だと思う。彼の作品を非難するのは簡単なんですよ。どこが現代建築なんだ、19世紀から飛んできたような建築じゃないか、と簡単に言える。

私自身がポーソンやチッパーフィールドの仕事に見ているのは、ある種のモダニズムの先鋭化とか奇形化、あるいは数寄屋化と言ってもいいのですが、何かそういうところです。そこに私は自分の立ち位置を見ようとしている。

――シンケル的というのは、どういった面を言われるのですか。古典主義やネオ・ゴシックからヴァナキュラーまで、さまざまな顔を持っていますが。

岸　すべて含めてですね。ポツダムの「庭師の家」[1833]もシンケル、ベルリンのアルテス・ムゼウム[1828]もシンケル。そういう立ち位置かなと思います。あまり共感を得られる話じゃないですけどね。[**15.3,15.4**]

――そこには精神性は求めないのですか。

岸　形式性であって、精神性はいりません。精神性からロマン主義に陥りたくないのです。ここでは形式性のみを問うているという話です。

――それをシンケルで言うと、古代ギリシア・ローマやゴシックのエレメントから何を抽出して、いか

15.3
シンケル：庭師の家、1833

15.4-1
シンケル：アルテス・ムゼウム、1828
15.4-2
同、柱廊

に組み立てるかという形式性だと理解してもいいのですか。

岸——そうです。ポーソンの場合はプロジェクトが小さいですから、その白い抽象性と素材感、それに光といった極少のエレメントに限られているためミニマルに見えるんですが、相当に形式的だと思うんですよ。そういう意味では、チッパーフィールドが大規模な建築で展開していることと、さほど立ち位置は違わないのではないかという気がしています。
　チッパーフィールドは仕事が大きくなったことで、シンケル的展開ができたとも言えるんですね。本当に味も素っ気も感じないシンケルみたいな最近の建築、私は評価しているんですよ。

——どれも、きれいな「容器」ですよね。

岸——美しい箱で何が悪いのだという……そう、アルテス・ムゼウムですよ。
　その対極にあるのが、ロマン主義的な方向ですね。コンピューターの設計とハンドメイドの施工といった異なる価値観を出会わせるという、非常にロマンティックな方法もあります。アルゴリズミック・デザインというものも、そうかもしれません。それらの方向にも可能性はあると思いますし、共感も得やすいんですね。でも私個人は、そちらには行かないと思うのです。

――ロマンティシズムは、昔から何度も現れては消えるイズムですよね。何か行き詰まると出てきて、心情に訴える。

岸――ロマン主義って反論できないんですよ。人間のためとか言われたら。

――そうではなく、岸さんはモダニズム数寄屋で行くと。

デッドエンド・モダニズムへ

TOWARDS DEAD-END MODERNISM

岸――出口はないにしても、ひとつのデッドエンドの在り様としてあるのではないかと思うのです。そこが何かの突破口になるとは思っていません。今の私が捜さなければいけないのは、どのデッドエンドに自分の身を置くかということです。ただし、社会は思いもよらないときに突然ドラスティックに変わりますよね。明るい未来が待っていると言える状況が明日来るかもしれない。そうなると私は、おそらく今日とはまったく違ったことを言うでしょうね（笑）。だから面白いと思う。それは画家にはないブレークスルーです。絵を描くことは主観的な作業ですから自分のなかにブレークスルーを求めなければいけませんが、社会的な出来事である建築は、自身のなかに見つけられないときは社会にブレークスルーを求めることができる。

建築が自らブレークスルーをしてから約100年経ちます。リートフェルト《1888-1964》のシュ

15.5 リートフェルト：シュレーダー邸、1924

レーダー邸［1924］を例に挙げると、そのコンポジショナル＝構成的であるということは偉大なブレークスルーでした。テオ・ファン・ドゥースブルフ（1883-1931）のドローイングとシュレーダー邸が提示したコンポジション＝構成という概念は長く生き続けました。この概念はコンストラクティヴ＝構築的の読み替えだと私は思っています。建築は構築的＝コンストラクティヴであること、例えばローマ以来の三層構成——ベース／ボディ／トップ——から初めてブレークスルーしたのが、構成という概念だと思います。そこで重要なのは、面の構成だけではありません。水平の基壇上に柱を立てて屋根を架けるという構築的な建築は、重力の存在をまず認めます。しかし構成的な建築では、重力の存在を議論から外してしまいます。それは今も生きている。ザハ・ハディド（1950-）もそうですね。重力を建築の決定要因から外すケース・スタディだと思うんですよね。その構成的という理念から逃れる次の新しい理念を、私たちは生み出せていない。そういう意味では、改めてコンストラクティヴ＝構築的な建築に帰る、それこそ第二のシンケルを演じるというのも選択のひとつだと思うんです。［**15.5**］

15.6
大徳寺：孤篷庵・忘筌、1793

——どこへ戻ってみるかの問題ですね。

岸　ロマンティシズムに陥らないとすれば、そうした選択しかないと思うのです。私はロマンティックに建築を考えるのではなく、少なくとも理性的＝ラショナルに考えていくことを、基本的な立ち位置としています。つまり、古代ローマからルネサンス、近代から自分というラショナルな流れに身を置きたいと思っています。もしロマン主義の建築に私が行くときは、もう何を考えていいか分からなくなっていて、最後はそれこそ本当に伝統的な数寄屋という……（笑）。

——ロマンティシズム対ラショナルというのは、イタリアのファシズムの時代の状況を思い起こします。ラショナリズム派と歴史回帰派。テラーニ《1904-43》とピアチェンティーニ《1881-1960》。状況とはいつも混在しているんですね。

岸　ヨーロッパの歴史は、その繰り返しです。歴史は螺旋的に動いていく。同じような状況が何度も巡ってきて、そこで少しだけシフトするということでしょうか。「原始の小屋」もそうですからね。ヨーロッパに学ぶべきは、そういうところだと思います。

——スイッチバック方式……。ルネサンスは古代ローマに戻って帰ってくる。新古典主義はさらに古代ギリシアまでも射程を伸ばした。その繰り返しで前に進んできた。モダニズムだけは古典建築には戻らないことを決めた。しかし結局は歴史回帰する一派がポスト・モダンの時代に現れて、混乱のみを引き起こして消えていったわけですね。

岸――かつて私は、自分の建築のモチベーションとして、片方に大徳寺孤篷庵／小堀遠州 1579-1647、もう片方にオスペダーレ・デッリ・インノチェンティ（孤児養育院）／ブルネッレスキを置いていました。その原点は変わっていないのですが、少しずつ考えが変化しています。大徳寺孤篷庵の彼方にある書院をきちんと考えないといけない。その帰るべきところとしての書院とは、いわゆる建築としての書院ではなく、理念としての書院なのです。オスペダーレ・デッリ・インノチェンティの彼方には古典主義があります。先ほどの言い方だとシンケルも含まれますが、いわゆる古典主義というものを私自身の問題意識として抱えなければいけないと思っています。つまり日本的な文脈では書院を抱えつつ、一方でヨーロッパ的な文脈あるいは全建築史的な文脈では古典主義について考えつつ、これから先の建築の向かう先を考えているのが、今の私ということですね。そんな時代遅れの建築家が一人くらい居てもいいと思っているのです。［**15.6, 15.7**］

15.7 ブルネッレスキ：孤児養育院（オスペダーレ・デッリ・インノチェンティ）、1445

［**注**］
2014年1月31日にイタリア文化会館にて開催された『CASABELLA』創刊85周年記念シンポジウム「我々はどこに向かっていくのか」。登壇者：フランチェスコ・ダルコ、伊東豊雄、岸和郎、塚本由晴。

年表「岸和郎の脳内アーキテクト／デザイナー」

［凡例］名前｜英文名｜生年-没年｜参照講話

名前	英文名	生年-没年	参照講話
ブルネッレスキ、フィリッポ	Filippo Brunelleschi	1377-1446	4｜9｜15
アルベルティ、レオン・バッティスタ	Leon Battista Alberti	1404-72	4
レオナルド・ダ・ヴィンチ	Leonardo de Vinci	1452-1519	7
ミケランジェロ	Michelangelo Buonarroti	1475-1564	7｜15
パッラーディオ	Andrea Palladio	1508-80	4｜12
小堀遠州	Kobori, Enshu	1579-1647	15
シンケル、カール・フリードリヒ	Karl Friedrich Schinkel	1781-1841	1｜4｜15
クレンツェ、レオ・フォン	Leo von Klenze	1784-1864	4
ラブルースト、アンリ	Henri Labrouste	1801-75	9
コンドル、ジョサイア	Josiah Conder	1852-1920	9
辰野金吾	Tatsuno, Kingo	1854-1919	9
シュタイナー、ルドルフ	Rudolf Steiner	1861-1925	5｜7
エストベリ、ラグナール	Ragnar Östberg	1866-1945	4
ライト、フランク・ロイド	Frank Lloyd Wright	1867-1959	2｜3｜4｜9
ベーレンス、ペーター	Peter Behrens	1868-1940	13
グリーン&グリーン	Charles Sumner Greene & Henry Mather Greene	1868-1957, 1870-1954	2
ペルツィヒ、ハンス	Hans Poelzig	1869-1936	5｜7
ロース、アドルフ	Adolf Loos	1870-1933	4
サーリネン、エリエル	Eliel Saarinen	1873-1950	8
トロースト、パウル	Paul Ludwig Troost	1878-1934	2｜4｜7
グレイ、アイリーン	Eileen Gray	1878-1976	13
タウト、ブルーノ	Bruno Tauto	1880-1938	5｜6｜13
ピアチェンティーニ、マルチェッロ	Marcello Piacentini	1881-1960	15
ドゥースブルフ、テオ・ファン	Theo van Doesburg	1883-1931	15

岡田信一郎	Okada, Shin'ichiro	1883-1932	9
シャロー、ピエール	Pierre Chareau	1883-1950	13
グロピウス、ヴァルター	Walter Gropius	1883-1969	2 | 4 | 5 | 6 | 10
エーン、カール	Karl Ehn	1884-1957	2
デュドック、ウィレム・マリヌス	Willem Marinus Dudok	1884-1974	4
ライヒ、リリー	Lilly Reich	1885-1947	3 | 13
マレ=ステヴァン、ロベール	Robert Mallet-Stevens	1886-1945	4 | 14
ミース・ファン・デル・ローエ	Ludwig Mies van der Rohe	1886-1969	2 | 3 | 4 | 7 | 8 | 9 | 13
シンドラー、ルドルフ	Rudolph M. Schindler	1887-1953	2 | 4
ル・コルビュジエ	Le Corbusier	1887-1965	1 | 2 | 3 | 4 | 5 | 6 | 7 | 9 | 10 | 12 | 13 | 14 | 15
サンテリア、アントニオ	Antonio Sant'Elia	1888-1916	10
リートフェルト、ヘリット・トマス	Gerrit Thomas Rietveld	1888-1964	15
マイヤー、ハンネス	Hannes Meyer	1889-1954	10
ダイカー、ヨハネス	Johannes Duiker	1890-1935	14
リシツキー、エル	El Lissitzky	1890-1941	3
ルックハルト、ハンス	Hans Luckhardt	1890-1954	4
アウト、J・J・P	J.J.P. Oud	1890-1963	2
ノイトラ、リチャード	Richard Joseph Neutra	1892-1970	2 | 4 | 9 | 14 | 15
前田健二郎	Maeda, Kenjiro	1892-1975	7
リュルサ、アンドレ	Andre Lurçat	1894-1970	2 | 4
吉田五十八	Yoshida, Isoya	1894-1974	15
蔵田周忠	Kurata, Tikatada	1895-1966	4
フラー、バックミンスター	Richard Buckminster Fuller	1895-1983	2
堀口捨己	Horiguchi, Sutemi	1895-1984	15
土浦亀城	Tsuchiura, Kameki	1897-1996	1 | 4 | 8
アアルト、アルヴァ	Alvar Aalto	1898-1976	14
フライ、マックスウェル	Edwin Maxwell Fry	1899-1987	2 | 4
カーン、ルイス	Louis I. Kahn	1901-74	8 | 13

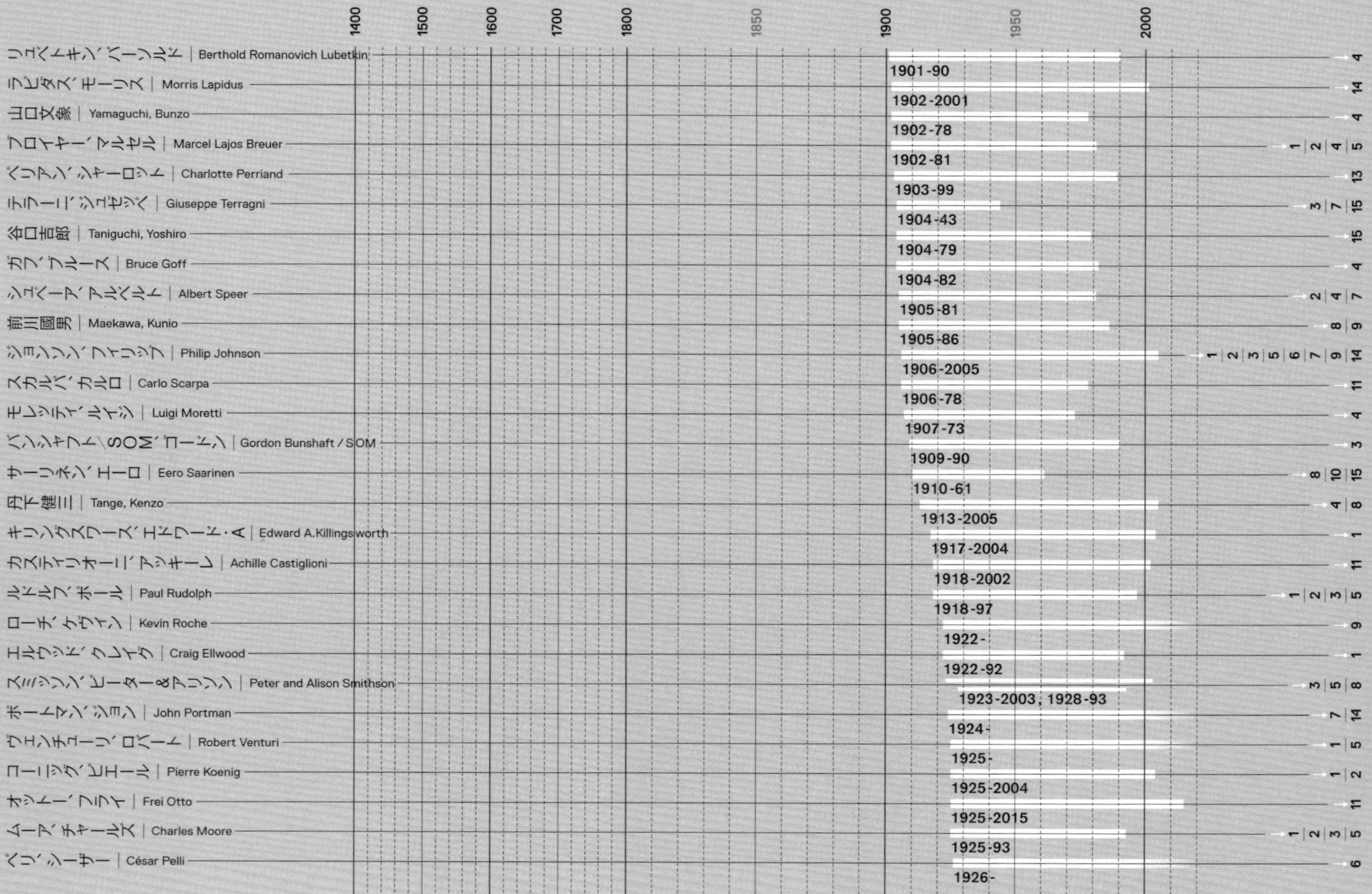

1400
1500
1600
1700
1800
1850
1900
1950
2000
リュベトキン、バーソルド | Berthold Romanovich Lubetkin
1901-90
4
ラピダス、モーリス | Morris Lapidus
1902-2001
14
山口文象 | Yamaguchi, Bunzo
1902-78
4
ブロイヤー、マルセル | Marcel Lajos Breuer
1902-81
1 | 2 | 4 | 5
ペリアン、シャーロット | Charlotte Perriand
1903-99
13
テラーニ、ジュゼッペ | Giuseppe Terragni
1904-43
3 | 7 | 15
谷口吉郎 | Taniguchi, Yoshiro
1904-79
15
ガフ、ブルース | Bruce Goff
1904-82
4
シュペーア、アルベルト | Albert Speer
1905-81
2 | 4 | 7
前川國男 | Maekawa, Kunio
1905-86
8 | 9
ジョンソン、フィリップ | Philip Johnson
1906-2005
1 | 2 | 3 | 5 | 6 | 7 | 9 | 14
スカルパ、カルロ | Carlo Scarpa
1906-78
11
モレッティ、ルイジ | Luigi Moretti
1907-73
4
バンシャフト/SOM、ゴードン | Gordon Bunshaft / SOM
1909-90
3
サーリネン、エーロ | Eero Saarinen
1910-61
8 | 10 | 15
丹下健三 | Tange, Kenzo
1913-2005
4 | 8
キリングスワース、エドワード・A | Edward A.Killingsworth
1917-2004
1
カスティリオーニ、アッキーレ | Achille Castiglioni
1918-2002
11
ルドルフ、ポール | Paul Rudolph
1918-97
1 | 2 | 3 | 5
ローチ、ケヴィン | Kevin Roche
1922-
9
エルウッド、クレイグ | Craig Ellwood
1922-92
1
スミッソン、ピーター&アリソン | Peter and Alison Smithson
1923-2003, 1928-93
3 | 5 | 8
ポートマン、ジョン | John Portman
1924-
7 | 14
ヴェンチューリ、ロバート | Robert Venturi
1925-
1 | 5
コーニッグ、ピエール | Pierre Koenig
1925-2004
1 | 2
オットー、フライ | Frei Otto
1925-2015
11
ムーア、チャールズ | Charles Moore
1925-93
1 | 2 | 3 | 5
ペリ、シーザー | César Pelli
1926-
6

グルッポ7	gruppo 7	1926 est.	7
ゲーリー、フランク	Frank O. Gehry	1929-	2
コロンボ、ジョエ	Joe Colombo	1930-71	11
ロッシ、アルド	Aldo Rossi	1931-97	7
アイゼンマン、ピーター	Peter Eisenman	1932-	1 | 3 | 4 | 5
シザ、アルヴァロ	Álvaro Joaquim de Melo Siza Vieira	1933-	7
マイヤー、リチャード	Richard Meier	1934-	1 | 3 | 9
グレイヴス、マイケル	Michael Graves	1934-2015	1
倉俣史朗	Kuramata, Shiro	1934-91	11 | 13
フォスター、ノーマン	Norman Foster	1935-	10 | 15
ピアノ、レンゾ	Renzo Piano	1937-	10
モネオ、ラファエル	Rafael Moneo	1937-	7
アンドリュー、ポール	Paul Andreu	1938-	10
ヤーン、ヘルムート	Helmut Jahn	1940-	3 | 10
ジャーディ、ジョン	Jon Jerde	1940-2015	14
ヒル、ケリー	Kerry Hill	1943-	14
モス、エリック・オーエン	Eric Owen Moss	1943-	2
コールハース、レム	Rem Koolhaas	1944-	6 | 12 | 14
フクサス、マッシミリアーノ	Massimiliano Fuksas	1944-	11
メイン/モーフォシス、トム	Thom Mayne/Morphosis	1944-	2
クリエ、レオン	Leon Krier	1946-	14
ホール、スティーヴン	Steven Holl	1947-	3
ポーソン、ジョン	John Pawson	1949-	11 | 15
スピアー/アルキテクトニカ、ローリンダ	Laurinda Spear/Arquitectonica	1950-	14
ハディド、ザハ	Zaha M. Hadid	1950-	5 | 12 | 14 | 15
チッパーフィールド、デヴィッド	David Chipperfield	1953-	15
リン、グレッグ	Greg Lynn	1964-	5
岸和郎	Kishi, Waro	1950-	

インタビューを終えて

小巻哲

私が岸和郎さんに連続インタビューを持ちかけた大きな理由を、まずは簡単に述べておきたい。岸さんは1990年代の半ば頃から、建築の現況に関する不穏とも思える発言を続けていた。「モダニズムを偽装する」「今の建築に出口はない」「建築原理主義者」「旦那芸でいく」「自分のバトルフィールドは建築に限ろう」などなど。これらは字面だけを捉えれば、まさに保守反動主義者の発言であろう。しかし私は、そこに漠としながらも強い共感を抱いたのである。それが何なのかを、いつか聞いて確かめてみたいと思っていた。そうしたところに雑誌連載（イタリアの建築誌『CASABELLA』の日本語版冊子）のチャンスが訪れた。

すぐにモダニズムに対して岸さんが発してきた疑義は、決して短絡的な否定へと向かうものではなかったことが明らかになった。そこで私たちは、100年ほど前に成立したモダニズムがいかに受容・継承され、現在に至ったかを問い直してみることにした。その方法論としては、モダニズムを時系列的な歴史として再読するのではなく、ル・コルビュジエやミースといった巨匠たちを第一走者とするなら、そのバトンを受け取った第二走者以降の建築家の動向や建築の意味を考えていくこととした。そこに見られるモダニズムの受容・継承あるいは逸脱・誤読の仕方あたりに、何か現在の状況から明日や明後日を考えるヒントがあるのではないか。さらに、従来の建築書では語られることの少なかったファシズム建築や商業建築にも目を向け、そこでいかにモダニズムの一部が「消費」され生き残ってきたかにまで、延々と話題は波及した。そのため、「デッドエンド」を標榜しながらも、時に話はオープンエンド気味に展開した。それだけ結論のでる問題ではなかったのだと思っている。しかし必ずや考える価値のある問題だと信じ、岸さんとの対話は足掛け4年に渡って続けられた。その間に、偶然ながら日付の符合もあった。インタビューは東日本大震災が起こった2011年に始まり、最終話を収録した2014年はモダニズムの成立と踵を接する第一次世界大戦の勃発から100年目に重なった。まさに建築およびモダニズムの意味が問い直される時期にあったのではないかと、すべてのインタビューと本書の編集作業を終えた今もなお感じている。

そうした直球とは言えない微妙な内容の連載企画を了承いただいた『CASABELLA JAPAN』誌の発行元であるアーキテクツ・スタジオ・ジャパンならびに書籍化に興味を持って実現いただいたLIXIL出版の各位、そのほか数え切れない方々の協力を得て本書が成立したことを、ここに感謝の意を込めて申し添えておきたい。

[筆者略歴]

岸和郎｜きしわろう

建築家。1950年、神奈川県横浜市生まれ。1973年、京都大学工学部電気工学科卒業。1975年、京都大学工学部建築学科卒業。1978年、同大学院修士課程建築学専攻修了。1981年、岸和郎建築設計事務所を設立。1993年、K. ASSOCIATES / Architectsに改組改称。1993–2010年、京都工芸繊維大学にて教鞭をとる。2000–10年、同大学大学院工芸科学研究科・建築設計学専攻教授。2003年、カリフォルニア大学バークレー校客員教授。2004年、マサチューセッツ工科大学客員教授。2010年より、京都大学大学院工学研究科・建築学専攻教授。

1993年に日本建築家協会新人賞、1996年に日本建築学会賞、2014年に平成26年度京都景観賞建築部門奨励賞などを受賞。主な出版物として、Waro Kishi, Editorial Gusutavo Gili, S.A., Spain、『ケース・スタディ・ハウス』（共著）住まいの図書館出版局、『岸和郎 プロジェクティド・リアリティーズ』TOTO出版、Waro Kishi, Mondadori Electa spa, Italy、Waro KISHI + K.ASSOCIATES, Equal Books, Koreaなど多数。

[聞き手略歴]

小巻哲｜こまきさとる

編集者。1954年、千葉県生まれ。1979年、早稲田大学理工学部建築学科卒業。1979–2002年、（株）エーディーエー・エディタ・トーキョーにてGA編集部所属。2003年、スタジオ・コマキ開設。2007年より、イタリアの建築誌『CASABELLA』の日本語版ブックレット『CASABELLA JAPAN』を編集・監修。『日本の現代住宅 1985-2005』（TOTO出版）、『日本のモダニズム建築』（彰国社）、『道具学への招待』（ラトルズ）、『磯崎新の 建築・美術をめぐる10の事件簿』（TOTO出版）などの編集を手掛ける。

[図版クレジット]

小川重雄：8.4｜平井広行：9.1, 9.14, 11.3｜市川靖史：9.14, 11.1｜写真提供／新関西国際空港株式会社：10.2｜藤原弘：11.2｜鈴木久雄：11.4｜窪田建築アトリエ：7.10｜スタジオ・コマキ：8.1, 8.2, 8.3, 8.9, 9.8, 9.9, 9.12｜上記以外：K. ASSOCIATES / Architects

[初出誌]

『CASABELLA JAPAN』797号［2011］より834号［2014］まで、不定期に15回にわたり連載。原題は「揺れ動くモダニズムのなかで」。発行＝アーキテクツ・スタジオ・ジャパン株式会社／監修＝小巻哲

● デッドエンド・モダニズム

「発行日」
2015年8月20日 初版発行

「著者」
岸和郎

「聞き手」
小巻哲

●

「発行者」
佐竹葉子

「発行所」
LIXIL出版
〒104-0031 東京都中央区京橋3-6-18
Tel: 03-5250-6571｜Fax: 03-5250-6549

●

「デザイン」
刈谷悠三＋角田奈央／neucitora

「編集」
スタジオ・コマキ

●

「プリンティング・ディレクター」
近島哲男

「印刷・製本」
加藤文明社

ISBN978-4-86480-018-1 C0052